マルチアングル戦術図解

テニスの戦い方

7本目までに決着をつける攻撃

丸山淳一 プロテニスコーチ

はじめに

テニスという競技は自分のサービスゲームをキープすることを大前提として、相手のサービスゲームをブレークして、セット、または試合をものにしていくことを考えていきます。世界のトッププロは、サービスの優位性をいかに保つかというところから戦術をつくり、テニスをしています。対するリターン側は、その優位性をどのようにして崩すかを考えます。サービスをキープするか、ブレークするか、その部分の戦いなのです。

現在のテニス界ではロジャー・フェデラー、ラファエル・ナダル、ノバク・ジョコビッチの3選手が頭一つ抜けた存在。トップ選手たちは彼らを倒すことを考えて日々の練習、トレーニングを行っています。一方でジュニア世代の選手たちは、さらに先を見据えた練習をしています。将来的にテニスはどうなっていくのか、5年後、10年後のテニスを想像しながら、トレーニングをしていくのです。こうした先を考えたトレーニングが世代交代へとつながっていくことは、歴史が証明しています。

テニスの世代交代は進化と変化によって生まれてきました。一時代を築いたピート・サンプラスは、ビッグサーバーでネットプレーにも優れた選手でした。これを打ち破るのはリターンの優れた選手ではないかという考えのもと、アンドレ・アガシが登場。リターン、ストロークでサンプラスを上回り、王者となりました。ストロークから攻撃的なプレーをするアガシを破るために、今度はオールラウンダーのフェデラーが頭角を現し、新たな王者となります。このときアガシは「フェデラーの出現によって自分はもっと強くなれる」という言葉を口にしました。すごい選手が出てくると、周りの選手はそれを打ち破るためにレベルを上げる努力をします。つまり、強い選手が出てくれば出てくるほど、全体のレベルが上がっていくということです。

本書の内容はまさにテニスの今。2015年あたりから2020年にかけてのテニスの現状をお伝えするような内容になっています。現代テニスの教科書のような部分もあるので、中学生、高校生であっても理解はそれほど難しくないと思います。

効果的なファーストサーブを打って、相手の甘いリターンを引き出して、3球目攻撃から5球目で決める。それでも決まらなければ7球目で仕留める。これはトップ選手でも重視していることです。強くなる、うまくなるためにはトップの現状を知ることが大事です。練習内容、トレーニング内容も含めて、本書がレベル向上のヒントになってくれると信じております。

丸山淳一

本書の使い方

本書では、テニスの戦術を３Ｄグラフィックによる図を用いてわかりやすく示している。シングルス、ダブルスともその戦術をさまざまな角度・視点からマルチアングル（多角的）に解説しており、より直感的に理解することができる。７本目までに決着をつけることを前提として（第１章）、第２・３・６章ではサービス側からの戦術、第４・７章はリターン側からの戦術、第５章ではニュートラルな展開から７本目につなげる戦術を紹介している。目的に応じて活用しよう。

タイトル

習得する戦術の内容・名称が一目でわかる

３Ｄグラフィック図

３Ｄグラフィックを用いた図で戦術を解説。選手とボールの動きを矢印で示しており、説明文を読むことでさらに理解を深められる。

Maruyama's EYE

著者からの独自アドバイス

- 自分
- 自分のパートナー
- 相手
- 相手のパートナー

 Point 戦術のポイントとなる動き方や技術の解説

 Option その戦術の応用の仕方の紹介

 プレー中に注意したいこと

 check 意識してほしいこと、知っておいてほしいこと。

 別アングルまたはズームアップ

はじめに ―――――――――――――――――――――― 002

本書の使い方 ―――――――――――――――――――― 003

本書に登場する主なテニス用語 ――――――――――― 006

第1章　7本目までに決着をつける

01　ラリーの7本目までに必ず仕留める ―――――――― 008

02　サービス側が圧倒的に有利 ―――――――――――― 010

03　サービスの優位が保てるのは7本目まで ――――――― 012

04　サービスかリターンかで戦術は異なる ―――――――― 014

05　戦術性、ゲーム性のあるテニスを ―――――――――― 016

第2章　ファーストサービスからの戦術

06　サービスは相手に的をしぼらせない ―――――――― 020

07　ファーストサービスのターゲット ――――――――――― 022

08　ショートワイドへのサービス ――――――――――――― 024

09　センターへ速いサービスからの3本目 ―――――――― 026

10　インサイド・アウトのショートアタック ――――――――― 028

11　クロスへの攻撃の条件 ――――――――――――――― 030

12　クロスの浅いエリアへの攻め ―――――――――――― 032

13　浅いクロスに打って前に誘い出す ―――――――――― 034

14　インサイド・インを使った攻め ―――――――――――― 036

15　サービスからの5本目の攻撃 ―――――――――――― 038

16　ダウン・ザ・ラインはなぜ有効か ―――――――――― 042

17　クロスはハードクロスでなければならない ――――――― 044

18　前に入って7本目でフィニッシュ ―――――――――― 046

19　3本目5本目を省略するサービス ―――――――――― 048

20　レシーバーと駆け引きする ――――――――――――― 050

21　アドサイドのショートワイドへのサービス ―――――――― 052

第3章　セカンドサービスからの戦術

22　セカンドサービスの狙い ――――――――――――――― 056

23　セカンドサービスのターゲット ―――――――――――― 058

24　スピン系でバックハンドを狙う ―――――――――――― 060

25　サービスボックス÷2を6分割 ―――――――――――― 062

26　浅いキックサービスをうまく使う ――――――――――― 064

27　ターゲットを8分割して打ち分ける ――――――――― 066

第4章　リターンからの戦術

28　不利な状況をいかにイーブンに戻すか ―――――――― 070

29　崩されてからのカウンターパンチ ―――――――――― 072

CONTENTS

30	超攻撃的なカウンターリターン	074
31	リターンゲームのポジショニング	076
32	相手のセカンドサービス時のアタック	078
33	相手におびき出されたら	080

第5章　ニュートラルな状況から　いかに7本目につなげるか

34	最も安全なクロスをベースに	084
35	クロスにもリスクがある	086
36	ダウン・ザ・ラインで優位に立つ	088
37	深いボールで守り、角度で崩す	090
38	チェンジ・オブ・ペースを使う	092
39	相手に100パーセントのショットを打たせない	096
40	ラリーをスローダウンする	098
41	相手の時間を奪う	100
42	アプローチはアタックでなくてはならない	102
43	相手との読み合いに勝つ	104
44	攻撃エリアと守備エリアの再考	106

第6章　ダブルス：サービスからの戦術

45	ダブルスは3本目で仕留める	110
46	積極的なポジショニング	112
47	センター寄りの位置からサービスする	114
48	Iフォーメーションを活用しよう	116
49	相手のロブはバウンドさせない	118
50	追い出しのプレーで仕掛ける	120
51	2バックの相手にはどうプレーする？	122
52	セカンドサービスを相手に狙われたら	124

第7章　ダブルス：リターンからの戦術

53	リターンゲームの考え方とポジション①	128
54	リターンゲームの考え方とポジション②	130
55	比較的安全なのはダウン・ザ・ライン	132
56	「いないところ」に相手は動いてくる	134
57	Iフォーメーションにどう対応するか	136
58	相手に低いところでボレーを打たせる	138
59	ビッグサーブに悩まされたら？	140
おわりに		142

【本書に登場する主なテニス用語】

I フォーメーション — ダブルスでサーバーもボレーヤーも
センター寄りに立つフォーメーション(陣形)。

アドサイド — アドバンテージコートのこと。サーバー側から見て
センターラインより左側のサイド。

アプローチショット — ベースライン近くからネットプレーに
移るときに使う、つなぎのショット。

アングルボレー — 角度をつけたボレーのこと。

インサイド・アウト — バックハンド側に来たボールに対し、
回り込んでフォアハンドで逆クロスに打つショット。
センター付近からダウン・ザ・ラインで外に逃げていく
バックハンドのショットもインサイド・アウトと表現する。

インサイド・イン — バック側のボールを回り込んでフォアで
ストレートに打つショット。

オープンコート — 相手を動かすことによってできる
大きなスペース。

キックサービス — スピンサーブの一種で、バウンド後、
(右利きの)サーバーから見てやや右側に
大きく弾む(キックする)サーブ。

グラウンドストローク — コート上にワンバウンドしたボールを打つこと。

ショートクロス — 角度がついたクロスのショット。

ショートワイド — 相手のいないほうに打つ短めのボール。

スイングボレー — グラウンドストロークとほぼ同様の
スイングで振り抜いて打つボレー。

センターストラップ — ネットの高さを一定にするために中央に
取り付けられている帯のこと。

ダウン・ザ・ライン — サイドラインに沿って打つ
ストレートのショット。

ディープクロス — 深いエリアへのクロスのショット。

デュースサイド — サーバーから見てセンターラインより右側のコート。

ブロックリターン — 速いボールに対して面をつくり、
短く押すような動作で方向を定めて返す
グラウンドストローク。

ポーチ — ダブルスでパートナーの守るエリアへ
飛んでいきそうなボールを
飛び出してボレーすること。

ボディサーブ — 体の正面に食い込んでいくようなサーブのこと。

ライジングショット — ボールがバウンドして
跳ね上がってくるところを打つショット。

ループボール — 高い弾道のボール。時間を稼いだり、
ラリーに変化をつけたりするショット。

ロブ(ロビング) — 相手のベースライン付近を狙って
高く打ち上げたボール。

第 **1** 章

7本目までに決着をつける

この本では、ラリーの7本目までに
決着をつけることを目標に戦術を考えていく。
まずは、「なぜ7本目なのか」
というところから理解していこう。

01 ラリーの7本目までに必ず仕留める

▶ 男子のトッププロは常にそれを目指している

優位を生かし、3本目、5本目で決着

男子のプロの試合を観ていると、サービスからラリー5本以内でポイントが決まるケースが多いことに気づく。これは攻撃のひとつの理想型だ。

サーバー側はできれば3本か5本以内で、それができなくても必ず7本以内で決着をつける、と心がけるべきだ。

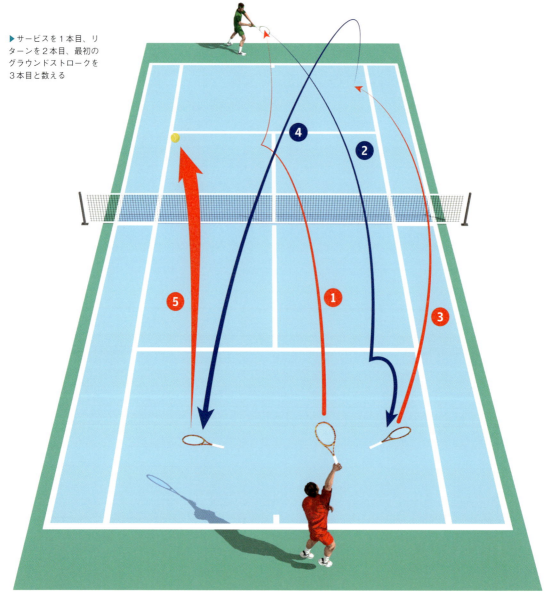

▶ サービスを1本目、リターンを2本目、最初のグラウンドストロークを3本目と数える

第1章 7本目までに決着をつける

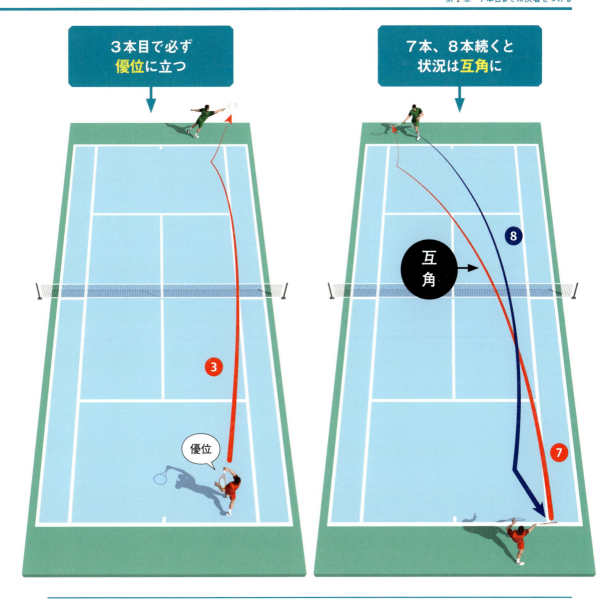

Q. なぜ、「7本目まで」なのか

A1 テニスはサービス側が断然有利→ P10

サービスは攻撃の第一歩。よってサーバー側は自分から攻める状況が多くなり、リターナー側は相手に攻められる状況でのプレーが多くなる。したがって、サーバーは常に優位な立場でラリーを進められる。くわしくはP10参照。

A2 7本以内ならサービス側の優位が保てる→ P12

ラリーの本数が7本より多くなるとサーバーの優位性は失われる。状況はイーブン（互角）になり、新たな主導権争いが始まる。そうなる前にサービスを生かして攻めていこう。くわしくはP12参照。

tennis tactics 009

02 サービス側が圧倒的に有利

▶ サービスゲームはキープ率80パーセントが目標

「サービスゲームのキープ率」という言葉を聞いたことがあるだろう。男子のトッププロではキープ率は80パーセントに達する。サーバーは1球目から攻める状況がつくれるため、優位に立てるのだ。この優位性を手放す手はない。

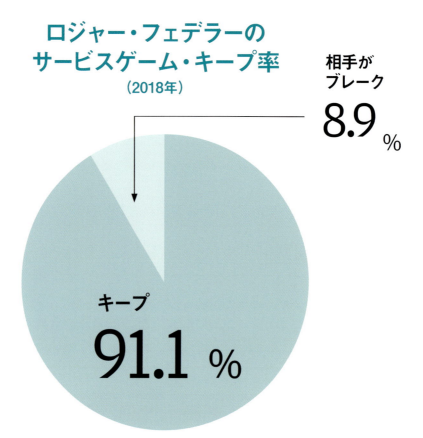

ロジャー・フェデラーの
サービスゲーム・キープ率
（2018年）

相手が
ブレーク
8.9%

キープ
91.1%

686ゲーム / **753**ゲーム

サービスゲームを753回行い、
686回キープに成功している

check

サービスキープが前提

トッププロがサービスゲームのキープに失敗する（相手にブレークを許す）のは、1セットに1回あるかないかで、常に高い確率でキープする。キープ率80パーセントに達しない選手もいるが、優位は動かず、キープを前提にゲームを進めていくことはテニスの基本中の基本だ。

第1章　7本目までに決着をつける

ファーストサービスは確率70パーセントが目標

　サービスで優位に立つにはファーストサービスを入れることが前提だ。プロは、できるだけファーストサーブの確率が60パーセントを切らないように、できれば70パーセント入れていこう、という気持ちでプレーしている。

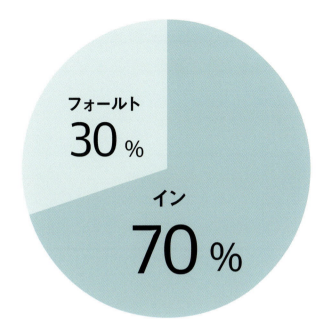

ポイント獲得率に注目

　ファーストサービスが入ったときに、どれくらいの割合でポイントが取れているかという「ポイント獲得率」にも注目しよう。一流選手では80パーセントに達する。ファーストサービスが60パーセント入り、その80パーセントがポイントに結びつけば、ほぼ間違いなくサービスゲームがキープできる。

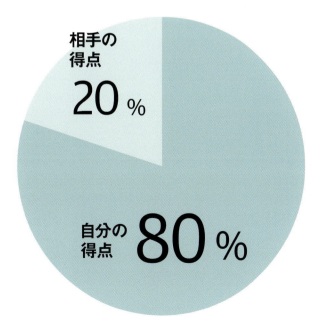

tennis tactics　011

03 サービスの優位が保てるのは7本目まで

▶ それを超えると主導権争いは最初からやり直し

7本以上ラリーをしていたら展開はイーブン（互角）になり、主導権争いは振り出しに戻ってしまう。つまり、サーバーの優位性は失われる。

せっかく攻めるチャンスがあるのだから、イーブンに戻る前に攻めよう。

7本目までの流れ

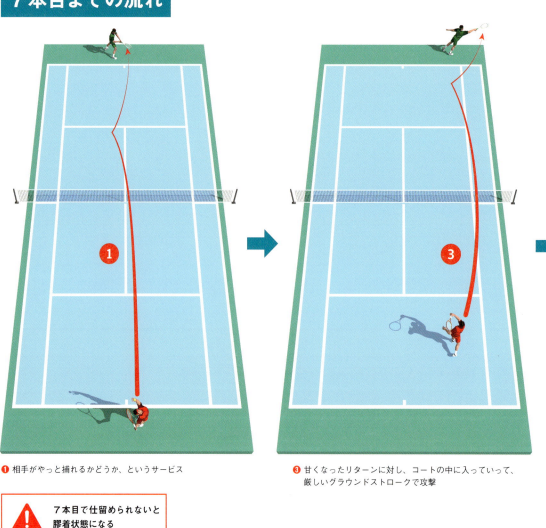

❶ 相手がやっと捕れるかどうか、というサービス

❸ 甘くなったリターンに対し、コートの中に入っていって、厳しいグラウンドストロークで攻撃

⚠ 7本目で仕留められないと膠着状態になる

第1章 7本目までに決着をつける

> **Point**
>
> ## カギを握るのは3本目
>
> いかに有効なサービスを打つかも大事だが、このプレーのキーは「3本目」。3本目で攻めないと、たちまちサーバーの優位が崩れてしまう。このことがわかっていないと、甘いボールを見逃してしまう。ここで攻める技術力と勇気が必要だ。

> **Point**
>
> ## 効果的に攻めれば
> ## チャンスが早まる
>
> 「7本」は目安で、自分のショットが厳しければ❺の時点でウイニングショット（❼）を打つチャンスも来るだろう。❸がそのままウイニングショットになることもある。逆に❸や❺でチャンスボールを逃してしまうとイーブンに戻ってしまう。

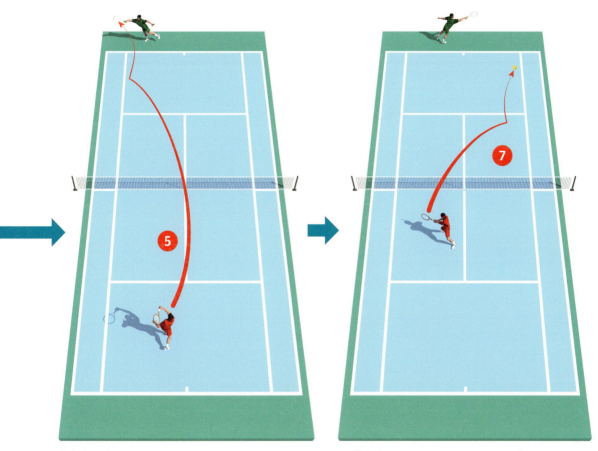

❺ 相手の返球がチャンスボールに。さらに中に入り、これを厳しく攻めていく

❼ 相手がなんとか返してきたのを、ネット近くまで詰めていって、ボレーやスイングボレーで仕留める

GOOD 優位を失う前に
3本目で攻撃していく

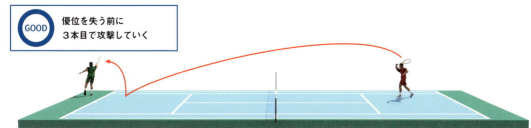

tennis tactics 013

04 サービスかリターンかで戦術は異なる

● そこを無視したら戦術は語れない

テニスは必ずサービスから始まる。そして、テニスでは基本的にサーバー側が有利。従って、戦術を考える場合、また戦術練習を行う場合、サーバー側かリターナー側かという視点は欠かせない。

サービス側の攻撃的な展開

▶効果的なサービス、優位をさらに確実にする3本目、ウイニングショットにつなげる5本目はどうあるべきかを考えよう

1 ボディを狙った厳しいサービス
3 角度をつけて打ち、相手を走らせる
5 オープンコートを狙って角度のあるショット

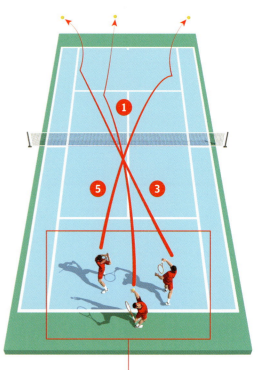

サーバーにズームアップ

第1章 7本目までに決着をつける

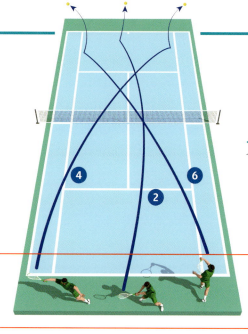

◀ リターンをなんとか深く返し、相手優勢のラリーを徐々に
イーブンに戻していくことがリターン側の目指す展開

リターン側の守備的な展開

❷ 厳しいサービスをなんとか深く返す
❹ 走らされたが、クロスに深く返して我慢のプレー
❻ 相手のダウン・ザ・ラインを読んで、
　カウンターショットを試みる

🔍 リターナーにズームアップ

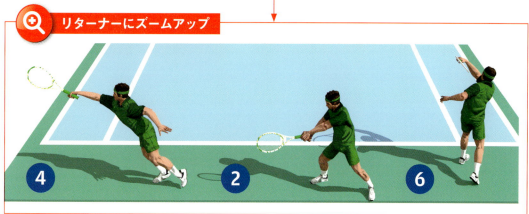

この本では、サーバー側が優位という前提で、
サーバー側かリターナー側かの違いを考慮して戦術を考えていく

● サービスからの戦術 ➡ 第2章、第3章、第6章
● リターンからの戦術 ➡ 第4章、第7章

> **Point**
>
> ### 戦術練習はサービスから始める
>
> 戦術練習を行う場合、ストロークのラリーや球出しからスタートすることが多いのではないだろうか。しかし、例えば「クロスとダウン・ザ・ラインの打ち分け」というテーマを与えられたとしても、サービスからの攻撃的状況なのか、リターンからの守備的状況なのかによって戦術はまったく違ってくる。よって、戦術練習はサービスから始めるほうがいい。

tennis tactics　015

05 戦術性、ゲーム性のあるテニスを

勢いや粘りに頼るテニスは卒業したい

サービスや「3本目」「5本目」をどう打っていくか、というのはこれから具体的に見ていくが、例えば「7本目までに決着をつける」と目標を決めて練習するだけで、あなたのテニスは大きく変わってくる。

1球ずつ意図を考えて練習する

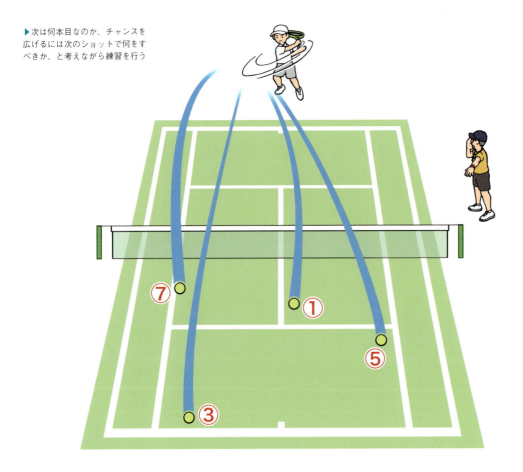

▶次は何本目なのか、チャンスを広げるには次のショットで何をすべきか、と考えながら練習を行う

今よりひとつ上を目指すなら

こうして明確な意図を持ち、「3本目はここへ」などと意識して練習すれば、それだけでも意味がある。例えば高校生で、今よりひとつ上のレベルを目指すなら——例えばインターハイで1、2回戦の人がベスト8を目指すなら、それをすべきだ。

テニスをゲーム感覚でとらえる

　一般のプレーヤーの方でも同じことが言える。一般のプレーヤーは「ゲーム性」が薄いことが多い。とりあえずクロス、チャンスがあればダウン・ザ・ライン、でも、そのうちに相手がミスしてくれないかな――それくらいの考えでラリーをしている人もいるだろう。卓上ゲームのように「次はこうで、その次は」とゲーム感覚でとらえてみてはどうだろうか。なりゆき任せのテニスから脱皮しよう。

テニスもゲームである

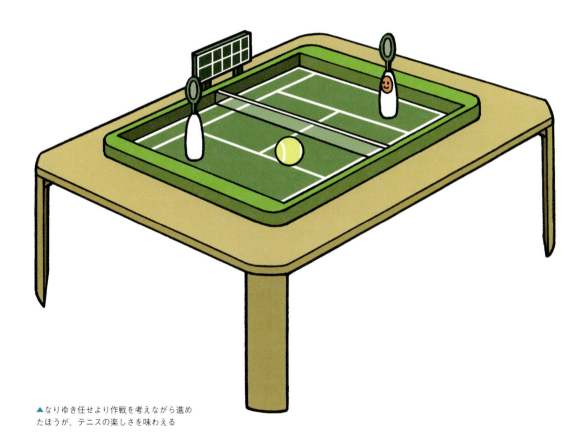

▲なりゆき任せより作戦を考えながら進めたほうが、テニスの楽しさを味わえる

Maruyama Memo

"ひとつ上"を考えて プレーする

　高校生の試合では、調子がよければどんどん行く、そのときにうまくいっているショットを前面に押し出して戦う、という試合の進め方がよく見られる。それが続けばいい試合をするのだが、問題はそれが通用しなくなったときだ。

　一番多いのが、もっともっと、と無理をしてしまうこと。つまり、もっとハードヒットするなど、イチかバチかで打っていくことがある。しかし、どんどん熱くなっていくのではなく、内に秘めた闘志を持ちながら冷静に戦うのがテニスだ。うまくいかなければ頭を切り替え、別の引き出しを使うことが求められる。その引き出しをできるだけ多く持つことも必要だ。

　無理してハードヒットするか、そうでなければ徹底的に粘るか、という単純な選択になっているのが若い選手の現状として考えられる。もちろん徹底的に粘れば体力勝ちできるかもしれないが、それでは次のレベルに進んだときに通用しない。例えば高校で日本一になってUSオープンの予選に行くとなったら、体力勝負だけでは通用しない恐れが出てくる。今、通用するからいいというのではなく、ひとつ上、次のレベルに進んだときのことを考えて取り組もう。

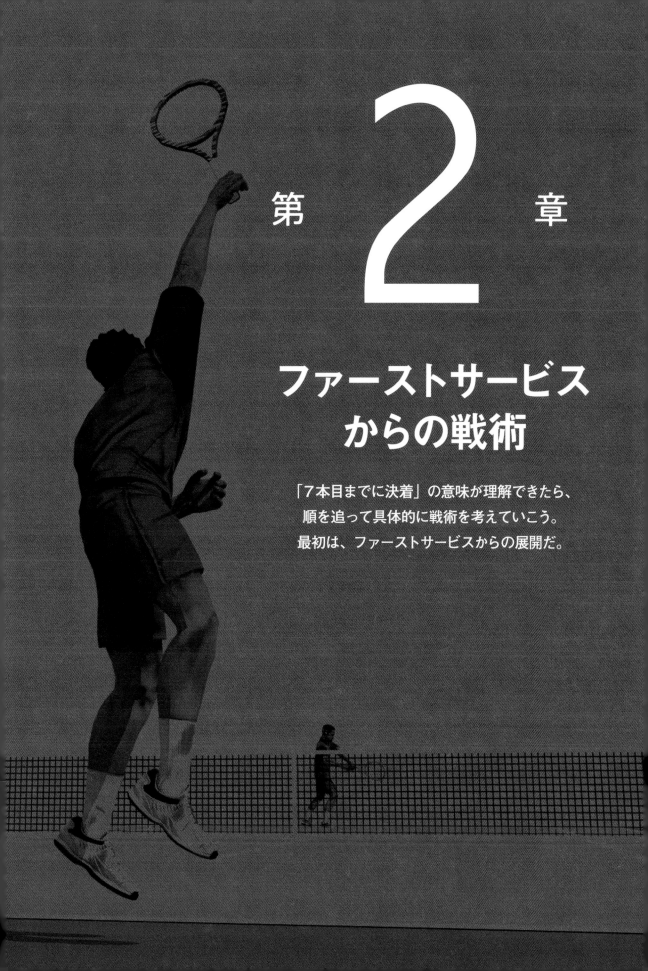

第 2 章

ファーストサービス からの戦術

「7本目までに決着」の意味が理解できたら、
順を追って具体的に戦術を考えていこう。
最初は、ファーストサービスからの展開だ。

06 サービスは相手に的をしぼらせない

▶ 読まれたら簡単に返されてしまう

サービスは相手に的をしぼらせないことを最優先に考えよう。例えばラケットが届きにくいセンターへの速いサービスでも、相手に読まれるとリターンの餌食になる。

速いサービスでも相手に読まれてしまえばカウンターを食らう

相手に的をしぼらせなければ、甘いリターンが返ってくる

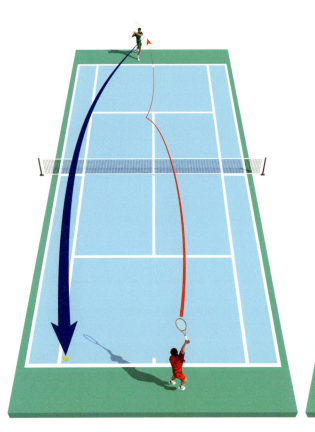

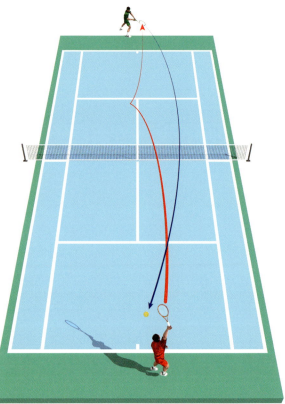

迷わせたうえで速いサービス

速いサービスを打つ場合も「相手を迷わせたうえで」「的をしぼらせていない状況で」が前提だ。そのうえで狙い通りの速いサービスが打てれば相手はブロックリターンしかできない状況になり、次の3本目でチャンスを大きく広げることができる。

第 2 章　ファーストサービスからの戦術

check

ファーストサービスなら攻撃してこない

　リターンする選手の心理として、ファーストサービスは相手のベストのサービスをイメージする。ワイドだったらこれくらいのいいサーブ、センターだったらこれくらい速いサービスと想定し、返すことに専念して準備する。そのイメージがある限り、サービスが少々甘くても打ち込まれることはない。

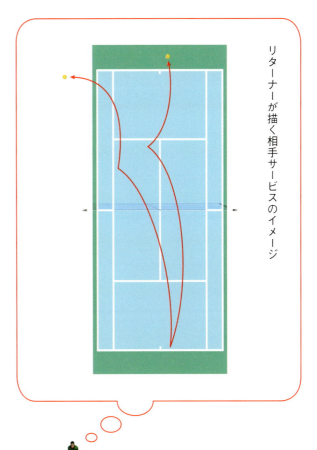

リターナーが描く相手サービスのイメージ

| Point |

いかに相手のイメージの裏をかくか

　相手はサーブの弾道や球種をイメージして待っている。いかにその読みを外すかがポイント

07 ファーストサービスのターゲット

ワイド、センター、ボディ、ショートワイドの4カ所

コースはワイド、センター、ボディ、ショートワイドの4つを考えよう。デュースサイド、アドサイドとも同じだ。サイドライン寄りのコーナー付近に打つのがワイド。センターはサービスラインとセンターラインが交差する「T」がターゲットになる。

ターゲットは4カ所

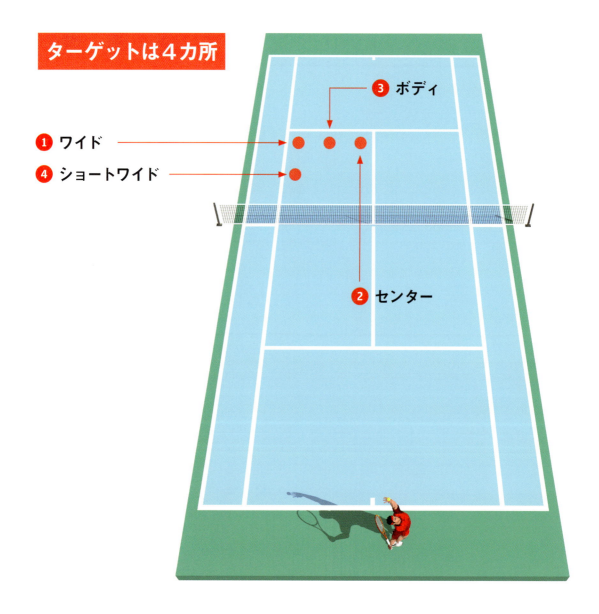

1. ワイド
2. センター
3. ボディ
4. ショートワイド

第 2 章 ファーストサービスからの戦術

Point
ボディサーブを使ってみよう

ワイドとセンターはどのレベルのプレーヤーでも使うと思うが、これ以外にプロ選手が使うのがボディ。体の正面に飛んでいくサービスだ。バウンド後に回転の作用でリターナーの体に食い込んでいくイメージで打つ場合もある。くわしくはP50を参照。

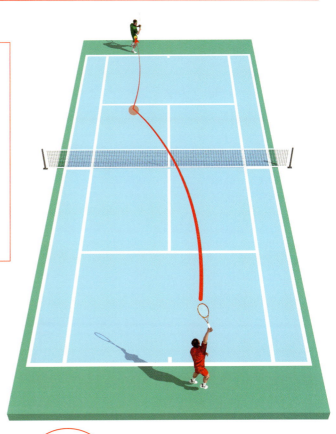

★ボディサーブ
相手の体に食い込んでいくような弾道をイメージする

相手のラケットが届かないサービス

Point
ワイドに、より浅く

ショートワイドはワイドのサーブをより浅く、その分、角度をつけて打つサービスだ。このサービスの狙い、効果について、くわしくはP24を参照。

★ショートワイド
角度をつけて浅く打てば、相手が定位置にいたのでは届きにくい

tennis tactics 023

08 ショートワイドへのサービス

● 相手のポジショニングを崩す効果も

ショートワイドのサービスを選択肢に加えよう。プロはすでにこれを練習し、戦術に取り入れている。届きにくいのはもちろん、効果のひとつは相手のポジショニングを崩せることだ。本来の立ち位置ではないことで、相手は心地よくリターンできなくなる。すると余計にコースも読めず、サーバー側に好都合となる。

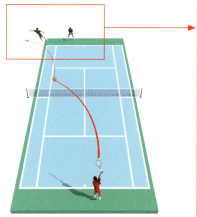

相手が届きにくいサービス

▶浅いところに打っていけば、相手は定位置からでは届かない

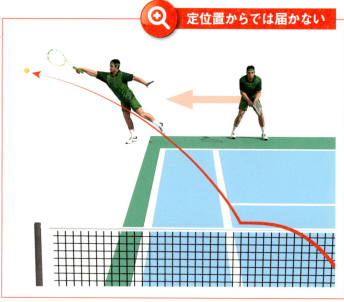

定位置からでは届かない

相手は立ち位置を変えてくる

▶定位置ではないのだから、それだけで相手は本来のプレーができなくなる

第2章 ファーストサービスからの戦術

check

相手が定位置で対応しようとすると

　サービスの深さが一定だと、相手も一定のポジションで全部のサービスに届いてしまう。ところが、浅いところに打っていけば、相手は横に動いただけでは届かない。サービスの角度は後ろにいるほど広がっていくので、移動距離が長くなり、簡単には追いつけない。

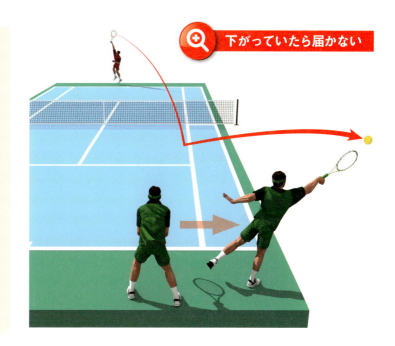

下がっていたら届かない

check

相手はポジションを変えて対応

　これを捕るには、斜め前に出て、角度がつかないうちにラケットに当てるしかない。するとリターナーはあらかじめ一歩中に入って構えるだろう。相手の基本のポジショニングを崩すことになり、攻め手が増える。

警戒した相手が前にポジショニング

Maruyama's EYE　優位を保つには必須のサービス

　「ショートワイド」はあまり耳慣れない言葉かもしれない。以前は「サービスは対角線（ワイド）に深く打ちましょう」という指導が大半で、対角線上はネットからの距離も長く、入りやすいというのがその大きな理由だった。しかし、よく考えれば、これは入れることで精一杯という低レベルの話。（深い）ワイドサーブも、より厳しい角度を狙うショートワイドも両方使い、優位性を保つことを考えるべきだ。

tennis tactics　025

09 センターへ速いサービスからの3本目

● 攻撃の3つのオプション

センターへ速いサービスを打ち、相手はブロックリターンで、なんとか返してきたと想定する。それを、フォアハンドを使ってどこへ攻めていくのが効果的か考えよう。

センターへの速いサービス
▶効果的なサービスが入れば相手のリターンは甘くなる

「3本目」の3つのオプション

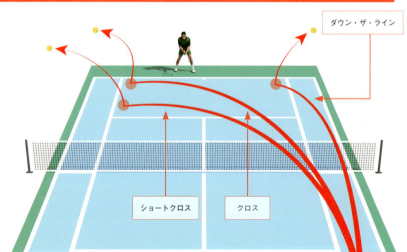

打つべきコースは3つ
▶相手のブロックリターンが甘くなったら、打つべきコースは3カ所

ダウン・ザ・ライン / ショートクロス / クロス

Point
中央にいる相手を揺さぶる
まず考えられるのは3つのオプション。相手は打ったあとコートの真ん中付近にいるので、デュースサイド、アドサイドともクロス、ショートクロス、ダウン・ザ・ラインの3カ所がメインになる。

第 2 章 ファーストサービスからの戦術

バックハンドでもオプションは3つ

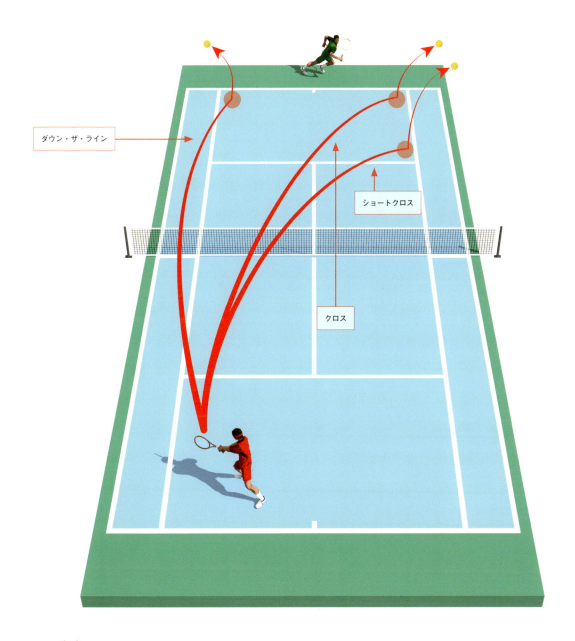

ダウン・ザ・ライン

ショートクロス

クロス

ショートクロスは大きく走らせることができる

クロス、ショートクロス、ダウン・ザ・ラインの3カ所が基本で、このうち、ショートクロスは角度をつけて打つので、相手を最も大きく走らせることができるショット。

10 インサイド・アウトのショートアタック

▶ センターへの速いサービスからの攻撃

クロス、ショートクロス、ダウン・ザ・ラインの3カ所が一般的な打ち分けだが、男子のトップはもう1カ所、オプションを持っている。逆クロスすなわち「インサイド・アウト」気味のダウン・ザ・ライン、つまりサイドラインの外側にバウンドしていくショットだ。この本では、このショットを「インサイド・アウトのショートアタック」と呼ぶ。

インサイド・アウトの
ショートアタック
(バックハンド)

今より上を目指すなら

バックハンドでも、高校生年代で今より上を目指そうというプレーヤーは、プロを見習って、3つの基本ターゲットに「インサイド・アウトのショートアタック」を付け加えるべきだ。読まれにくく、仮に読まれても相手を追い込めるので、最も有効なショットといえる。ただ、それには技術と練習量が必要になることをお忘れなく。

第 2 章 ファーストサービスからの戦術

Point

インサイド・アウトの
ショートアタックは
第4のオプション

インターハイで上位を目指す男子なら、3つの配球に加え、このショットにも取り組んでみたい。

インサイド・アウトの
ショートアタック
（フォアハンド）

最も確実に
追い込めるショット

「インサイド・アウトのショートアタック」は最も読まれにくく、最も確実に相手を追い込めるショット。例えば錦織圭が過去3年くらいで一番磨いたポイントパターンだ。また、これは10年前にはなかった配球で、スピードも出せるし同時に回転もかけられるという、ストロークの技術が進化して可能になったショットだ。

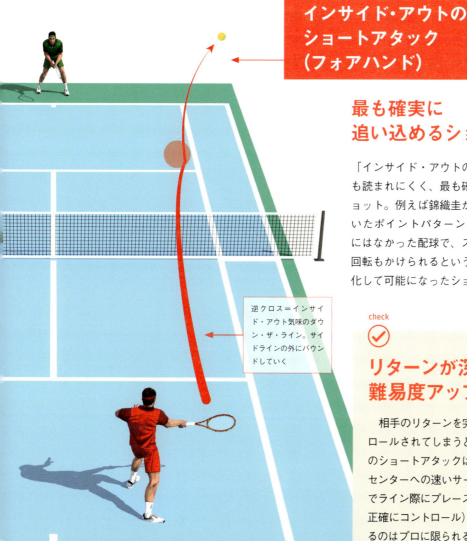

逆クロス＝インサイド・アウト気味のダウン・ザ・ライン。サイドラインの外にバウンドしていく

check

リターンが深いと
難易度アップ

相手のリターンを完璧にライン際にコントロールされてしまうと、インサイド・アウトのショートアタックは難しくなる。とはいえ、センターへの速いサービスに対し、リターンでライン際にプレースメント（狙った位置へ正確にコントロール）できる技術を持っているのはプロに限られる。

tennis tactics 029

11 クロスへの攻撃の条件

中途半端な深さのクロスは危険

メインとなる3つの配球のうち、クロスは注意が必要。もちろん深いクロスは「深さ」で相手を追い込めるため有効だ。ところが中途半端なクロスは最も危険なゾーンであり、かなりのスピードを出さない限り、打ってはいけない。

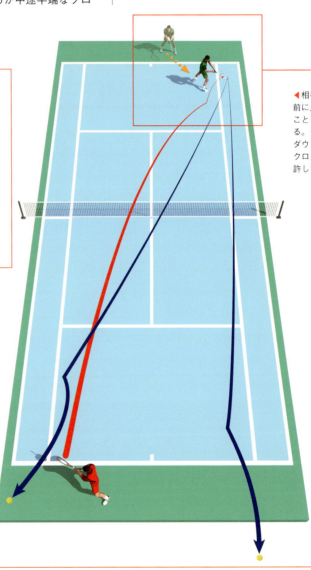

Point

速度を出すか、深く打つか

クロスに打つなら、普通のスピードで打ってはいけない。スピードを出すか、もしくは深く打つか、という条件が付くということを覚えておこう。

◀相手が積極的に斜め前に入って打ってくることを考える必要がある。うまく入られると、ダウン・ザ・ライン、クロスと自在な攻撃を許してしまう

中途半端なクロスは相手の餌食に

少し浅い、中途半端なクロスになってしまうと、相手はベースラインを横に動くのではなく斜め前にステップインしてくる。そうやって前に入り、ダウン・ザ・ラインにもクロスにも自由に打ち分けてくると考えるべきだ。

第 2 章 ファーストサービスからの戦術

中途半端なクロスだと・・・相手は前に入って打ってくる

相手はクロスが浅くなるのを待っているかも。ここぞとばかりに斜め前にステップインしてハードヒットされてしまう。

 check

クロスを深く打つかより浅く打つのが有効

中途半端なクロスは最も危険。より深く打つか、より浅く打つか。深く打つなら少しプレースメントがずれても攻められないように、強打していくことが求められる（P44参照）。

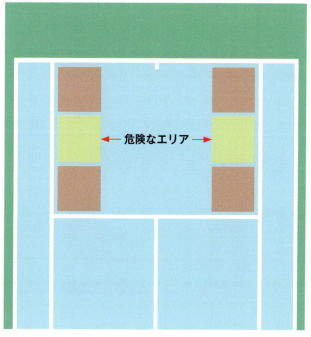

← 危険なエリア →

tennis tactics 031

12

クロスの浅いエリアへの攻め

▶ 相手を走らせればチャンスが拡大する

前のページでクロスの「危険なクロス」について解説したが、このエリアよりさらに浅いエリアは角度がつくので、相手の走る距離が伸び、前記の危険なゾーンに比べればもう少し有効だ。「3

本目」はチャンスを広げることが目的なので、厳しいボールで相手を走らせ、止まって打たせないようにしよう。

▼浅いエリアに打つと相手を長く走らせることができる

Maruyama's EYE

浅く打つなら厳しいボールが必須

高校生の場合、浅いところに打つと、相手はダウン・ザ・ラインに打ちたくてミスをしてくれる可能性がある。浅いボールに対するダウン・ザ・ラインはネットの高くなっているところを通過させなくてはならないため、簡単ではない。ただし、プロの技術をもってすればダウン・ザ・ラインに決められてしまうと考えるべきで、よほど厳しいボールか、相手が攻撃できない低いスライスが必須となる。高校生であっても厳しいボールを打つようにしたい。

第 2 章 ファーストサービスからの戦術

真上からの視点

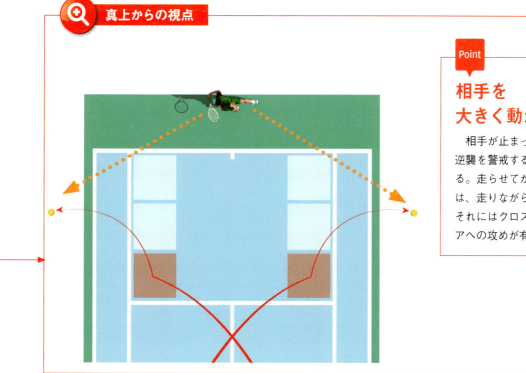

Point

相手を大きく動かす

相手が止まって打てれば逆襲を警戒する必要が生じる。走らせてから、もしくは、走りながら打たせたい。それにはクロスの浅いエリアへの攻めが有効。

相手を動かせば
チャンスが広がる

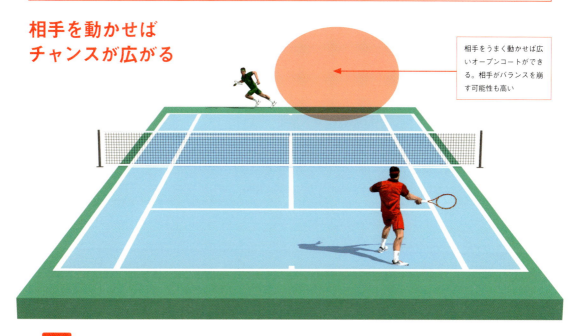

相手をうまく動かせば広いオープンコートができる。相手がバランスを崩す可能性も高い

Point

意図を持って
３カ所に打ち分ける

クロスへのアタックについてまとめると、一番いいのは深い球、少し浅いところはスピードが必須で、甘くなると逆襲を許す、もっと浅いところは相手を走らせることができるのがメリット、ということになる。３カ所に打ち分ける意味を考え、意図を意識して練習しよう。

tennis tactics 033

13 浅いクロスに打って前に誘い出す

● ネットに出てきた相手をパスで仕留める

浅いところにスライスを打てば、相手が斜め前に入ってきて、そのままネットを取ってくることが考えられる。これを意図的に行うのもいいだろう。つまり、スライスによって相手をネットに誘い出すのだ。そうして、不十分な体勢でネットに出てきた相手をパスで仕留めるのも有効な戦術だ。

あえて浅いところに打って誘い出す

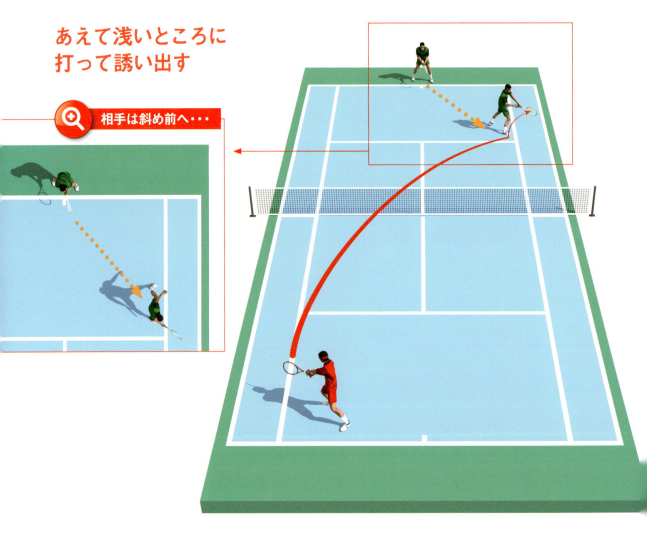

相手は斜め前へ・・・

相手はチャンスと思い、ネットに

リターン側はそもそも不利な立場なので、少しリスクを冒してでもポイントを取りたい、相手の主導権を崩したいと考えている。そこへ浅いボールが来たら、すかさずネットへ出て攪乱したいと考えるだろう。そこがこの戦術の狙い。

第 2 章 ファーストサービスからの戦術

ダウン・ザ・ラインにパス

ネットを取られても、あせる必要なし

相手はこの状況で、こちらが待ち構えているクロスにアプローチすることは考えにくく、ほぼ間違いなくダウン・ザ・ラインへのアプローチでネットに出てくる。その場合、低い打点からネットポストに近いネットの高くなっている部分を通過させるアプローチショットになるため、スピードを出すことはできない。必ず追いつけると思っていいだろう。

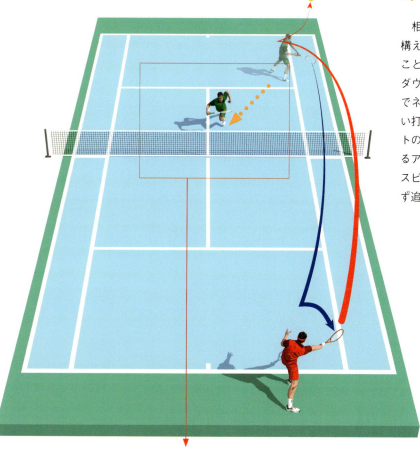

◀強打してネットを取るのは困難なので、相手のアプローチには必ず追いつける。そこから先は読み合いになるが、相手の状態を見て冷静にパスを打ちたい

速いボールでなくても抜ける

逆をついてダウン・ザ・ラインに

ダウン・ザ・ラインに打ってネットを取る選手は、ほぼ真ん中に詰めてくる。そこでダウン・ザ・ラインにパッシングショットを打てば逆をつく形になり、ほぼ間違いなくポイントになる。このパターンを重ねると相手はダウン・ザ・ラインを警戒し始め、少し外に張り出すだろう。そうしたら、クロスにも打ち分ける。結局、こちらの狙い通りとなる。

tennis tactics 035

14 インサイド・インを使った攻め

● 相手を8メートル走らせよう

リターン側の選手は「いかにイーブンに戻すか」「3球目攻撃をさせない」ということをテーマにプレーしている。そこで、こちらが効果的なサービスを打つと「威力のないブロックリターンでもいい、なんとかサーバーの足元にリターンを持っていこう」とする。その対応を考えてみよう。

プロが行うインサイド・イン、インサイド・アウトの攻め

Point

インサイド・インで相手を長く走らせる

トッププロは、真ん中に深く打たれたのを、角度をつけてサイドライン近くに打っていく。フォアハンドでもバックハンドでも自分の得意な側に回り込み、「インサイド・アウト」（逆クロス側）もしくは「インサイド・イン」（ダウン・ザ・ライン側）でアタックしていく。すると相手を8メートルくらい走らせることができるので、プロはこのショットを練習している。上を目指すプレーヤーはこのショットの習得を目指そう。

自分にズームアップ

▶得意な側に回り込み、インサイド・アウト（逆クロス側）かインサイド・イン（ダウン・ザ・ライン側）のショットで攻撃する

第 2 章 ファーストサービスからの戦術

check

厳しいボールではないが攻めにくい状況

相手は厳しいコースをつくるのではなく、真ん中でもいいから深く打とうと考えている。こうして足元へ深いリターンを打たれると、サーバーは下がって打つ形になるので、伸びのある攻撃的なボールを打つのは簡単ではない。

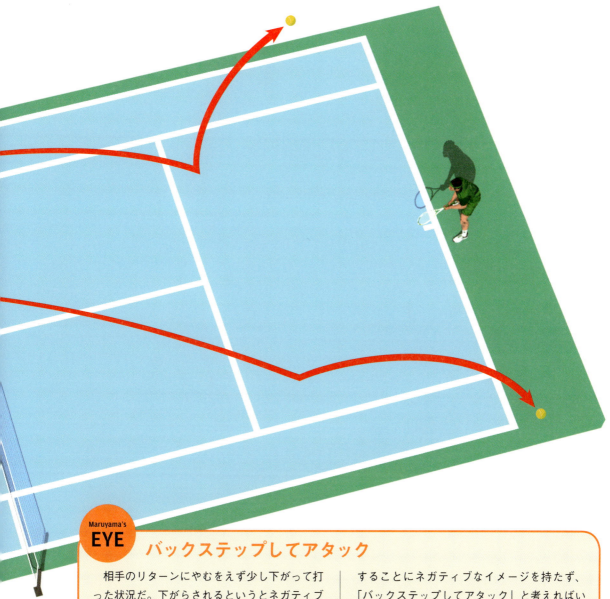

Maruyama's EYE　バックステップしてアタック

相手のリターンにやむをえず少し下がって打った状況だ。下がらされるというとネガティブなイメージがあるが、フロントステップする代わりにバックステップで打っているだけのことで、実際は特別なことではない。そこで、後退することにネガティブなイメージを持たず、「バックステップしてアタック」と考えればいいのだ。選手とは 1 パーセントのプラスを積み重ねて強くなろうとするもの。したがって、言葉づかいからしてポジティブであるべきなのだ。

tennis tactics　037

15 サービスからの5本目の攻撃

チャンスを広げフィニッシュにつなげる

ここからはサービスからの「5本目」の攻撃について考える。甘くなった相手のリターンを、前述のように例えばダウン・ザ・ラインに深く打つ（3本目）。すると、走らされた相手は返すのが精一杯。ボールが浅くなるので、コートの中に入っていって自由自在に5本目の攻撃ができる。

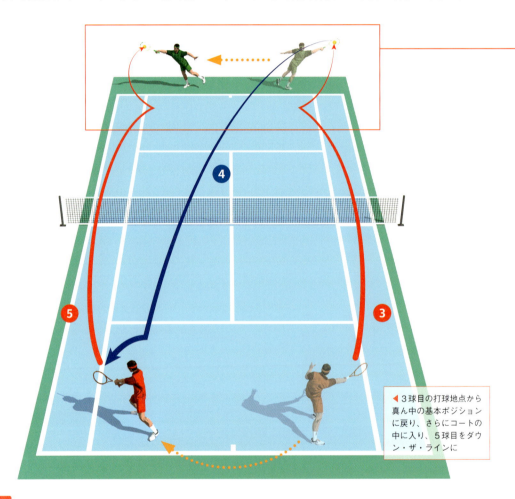

◀3球目の打球地点から真ん中の基本ポジションに戻り、さらにコートの中に入り、5球目をダウン・ザ・ラインに

Point

ダウン・ザ・ラインからダウン・ザ・ライン

図のように3本目をフォアハンドでダウン・ザ・ラインに打ち、さらに5本目をバックハンドでダウン・ザ・ラインに打てば、相手は10メートルも走らなくてはならない。テニスで10メートルは結構長い距離なのでチャンスが広がる（ただし、10メートル走るフットワーク、フィジカルは選手としては最低条件であることもお忘れなく）。

第 2 章 ファーストサービスからの戦術

連続攻撃で相手を大きく動かす

相手を動かしてフィニッシュへ
とつなげる

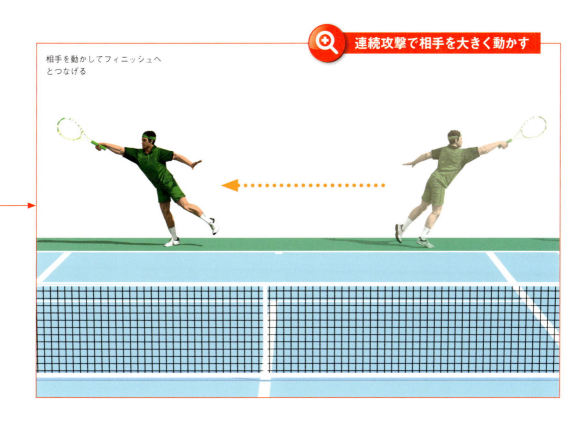

Option 5本目をショートクロスに

ダウン・ザ・ラインを続けて走らせてもいいし、ポジションに戻る相手の動きが見えたら、逆をついてクロスに浅く打っていくのも効果的。

「5本目」の3つのターゲット

Point

3球目で相手を走らせることが前提

当然ながら、前提は有効なサービスが入っていること、最低限、打ち込まれないものが必要だ。次の3球目もしっかり打てれば、相手を走らせることができるので、相手は深く打ちたくてもなかなか深くコントロールできない。そこでさらに前に入って5本目の攻撃を行うことができるのだ。

基本のターゲット

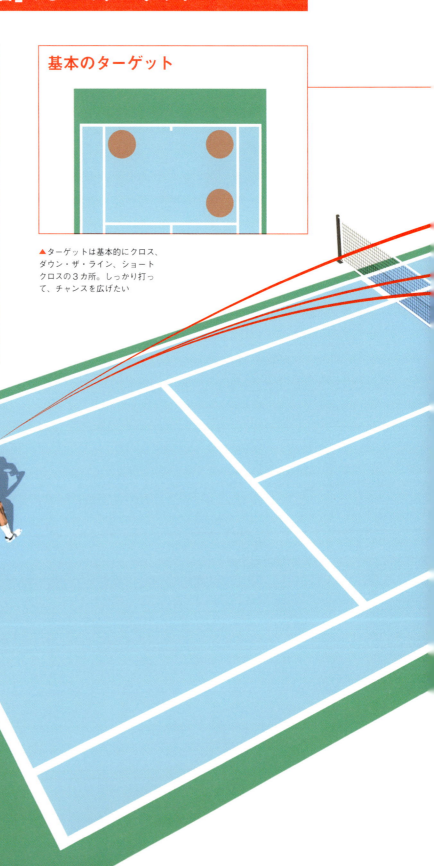

▲ターゲットは基本的にクロス、ダウン・ザ・ライン、ショートクロスの3カ所。しっかり打って、チャンスを広げたい

第2章 ファーストサービスからの戦術

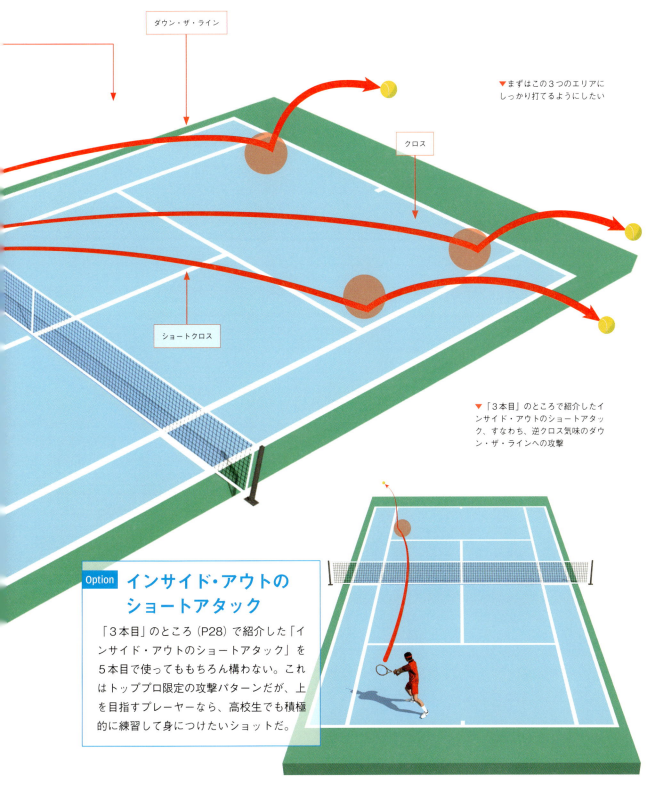

ダウン・ザ・ライン

クロス

ショートクロス

▼まずはこの3つのエリアにしっかり打てるようにしたい

▼「3本目」のところで紹介したインサイド・アウトのショートアタック、すなわち、逆クロス気味のダウン・ザ・ラインへの攻撃

Option インサイド・アウトのショートアタック

「3本目」のところ（P28）で紹介した「インサイド・アウトのショートアタック」を5本目で使ってももちろん構わない。これはトッププロ限定の攻撃パターンだが、上を目指すプレーヤーなら、高校生でも積極的に練習して身につけたいショットだ。

tennis tactics 041

16 ダウン・ザ・ラインはなぜ有効か

▶ 相手の立場で考えればよくわかる

ダウン・ザ・ラインが有効なのは、心理的に相手の逆をつけるからだ。プレーヤーの本能として、クロスはカバーすべきエリアが広く見える。したがってダウン・ザ・ラインは、たとえ来るとわかっていても、少し逆をつかれる形になって遅れてしまうのだ。

相手の心理を見通して

クロスの打球エリアが広く見える心理があるため、ダウン・ザ・ラインは決まりやすい

広いクロスを守らなくては

✓ クロスは実際以上に広く見える

正確にポジショニングしても、プレーヤー心理としてクロスは広く見える。したがって、無意識にこれをカバーしようとする心理が働き、ダウン・ザ・ラインへの対応が遅れることがある。

第 2 章　ファーストサービスからの戦術

広く見えるクロスだが

なぜクロスが広く見えるのか

より長い距離を走らなくては届かないショートクロスを意識して「あそこまで走らなくてはならない」と思ってしまうので、視覚的にクロスは広く感じてしまう。そのため、場合によっては最初から無意識にクロス方向に一歩動いてしまうこともある。

クロスを意識しすぎると対応が遅れる

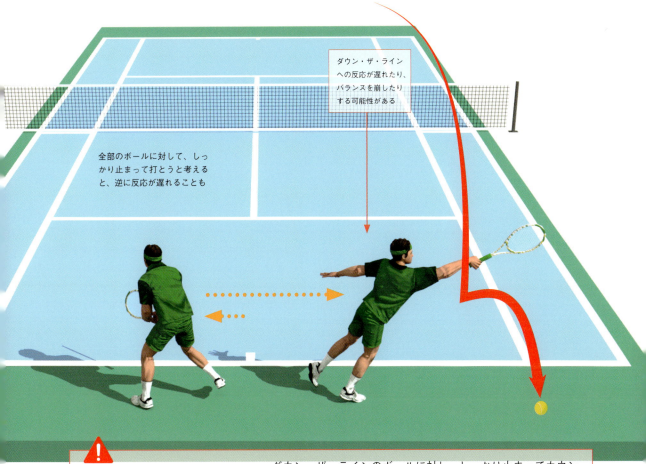

ダウン・ザ・ラインへの反応が遅れたり、バランスを崩したりする可能性がある

全部のボールに対して、しっかり止まって打とうと考えると、逆に反応が遅れることも

⚠ ダウン・ザ・ラインを意識しすぎると

ダウン・ザ・ラインのボールに対し、しっかり止まってカウンターショットを打てる形をつくろうと思っていると、ショートクロスに対応できない。一方、ショートクロスも含めて全部のボールを捕ろうと思っていると、ダウン・ザ・ラインは逆をつかれる形になって、バランスを崩す。

tennis tactics　043

17 クロスはハードクロスでなければならない

▶ スピードも深さも両方必要

「3本目」のところ（P30）で解説したようにクロスに打つ場合は基本的に普通のスピードで打たないこと。3本目では、スピードを出すか、深く打つかというのが条件だったが、5本目では深さもスピードも両方必要だ。ただし、ショートクロスはなるべくライン際に、角度のついたボールを打つべき。角度があればスピードは必要ない。

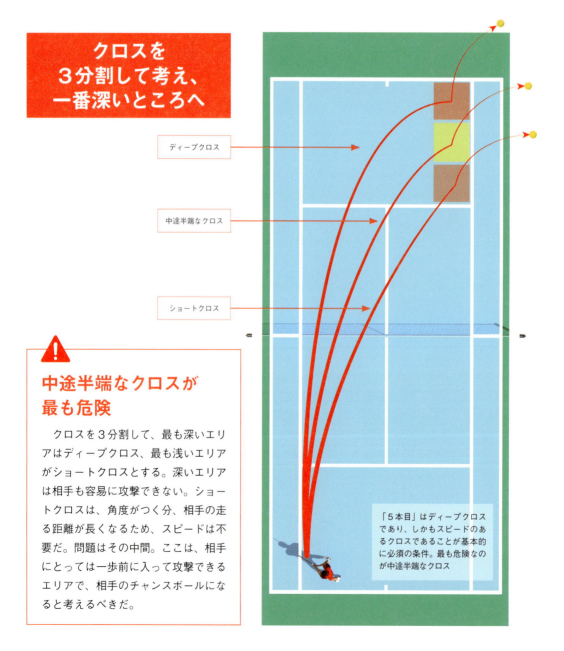

クロスを3分割して考え、一番深いところへ

⚠ **中途半端なクロスが最も危険**

クロスを3分割して、最も深いエリアはディープクロス、最も浅いエリアがショートクロスとする。深いエリアは相手も容易に攻撃できない。ショートクロスは、角度がつく分、相手の走る距離が長くなるため、スピードは不要だ。問題はその中間。ここは、相手にとっては一歩前に入って攻撃できるエリアで、相手のチャンスボールになると考えるべきだ。

「5本目」はディープクロスであり、しかもスピードのあるクロスであることが基本的に必須の条件。最も危険なのが中途半端なクロス

第 2 章　ファーストサービスからの戦術

ハードクロスで相手を詰まらせる

▼

Point

ディープクロス＝ハードクロス

深いクロスを狙ったのに少し内側に入って中途半端なクロスになってしまうことも考えなくてはならない。そこで、ディープクロスに打つなら、いつもよりスピードを上げてしっかり打つことが必要だ。スピードを上げて、ハードに。つまり「ディープクロス＝ハードクロス」となる。

 GOOD　ハードクロス

 NG　"普通"のクロスを打ってはいけない

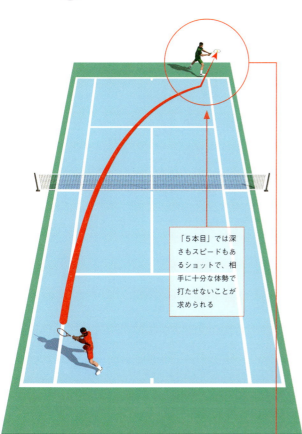

「5本目」では深さもスピードもあるショットで、相手に十分な体勢で打たせないことが求められる

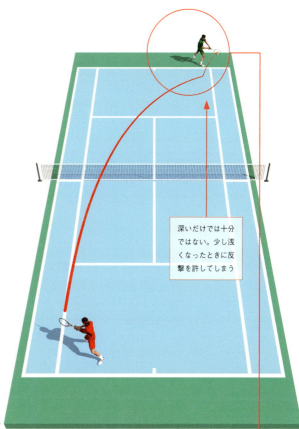

深いだけでは十分ではない。少し浅くなったときに反撃を許してしまう

相手は不十分な体勢

相手に余裕がある

18 前に入って7本目でフィニッシュ

● ボレーやスイングボレーで仕留める

例えば、5本目をダウン・ザ・ラインに打って相手を走らせ、やっと返してきたボールを、さらに中に入ってボレーもしくはスイングボレーで仕留める。これが7本目のプレーだ。こうして7本（自分のショットは4本）で仕留めるのが、どの選手も理想としているパターンであり、現代テニスの教科書になるサービスゲームの展開となる。

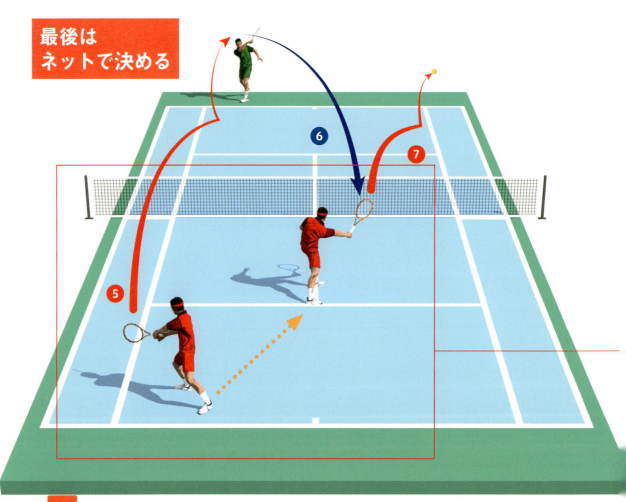

最後はネットで決める

| Point | 「7本」を意識するだけでも効果的 |

7本目までに決着がつかなければ、あらためて主導権争いが始まるが、実際、7本以内に決着するラリーが多いことを覚えておこう。実戦で行うのは決して簡単ではないが、練習するだけでも意味がある。実戦を想定した、目的のある練習になるからだ。

第2章 ファーストサービスからの戦術

5本目+7本目

決定力を高める

展開の最終段階なので、決定力を高めるために、ネットに詰めて、ボレーやスイングボレー（ドライブボレー）でのフィニッシュを心がける。

ショートクロスからスイングボレーでフィニッシュ

Option 5本目がショートクロスや深いクロスでも仕留められる

上記の例は5本目をダウン・ザ・ラインに打ったものだが、ショートクロス、ディープクロスに打っても、ショットが有効なら7本目で仕留めることができる。あえて5本目のショットの有効性に順位をつけるなら、ダウン・ザ・ライン、ショートクロス、ディープクロスとなる。

5本目にショートクロス。相手に長い距離を走らせ、チャンスボールを打たせる。前に入っていって、スイングボレーでフィニッシュ

tennis tactics 047

19 3本目5本目を省略するサービス

ショートワイドに逃がすサービス

サービスからの3本目、5本目、7本目の攻撃について具体的に見てきたが、ここからは応用編。3本目5本目を省略して7本目（ウイニングショット）に持ち込める効果的なサービスを紹介する。4カ所あるサービスのターゲットの中で「ショートワイド」（P24参照）がそれにあたる。

外へ逃げていくショートワイドのサービス

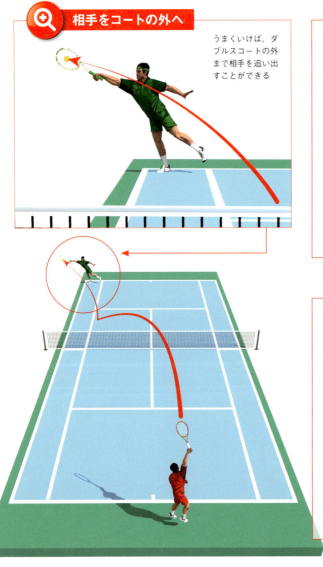

相手をコートの外へ

うまくいけば、ダブルスコートの外まで相手を追い出すことができる

Point

サービスで相手を外に追い出す

ショートワイドに打てば（右利きのサーバー、デュースコートを想定）、サービスはやや外に曲がっていくので、ダブルスコートの外まで相手を追い出すことができる。したがって、リターンがいいコースに返って来ても、3本目でオープンコートに打てれば、ほぼポイントに結びつく。

Point

センターのサーブを布石に使う

相手に予測させないことも大事。例えば最初にセンターのサーブを多めに見せておく。すると、相手はセンター寄りに少し下がったポジションをとるので、ショートワイドのサーブに対し、斜め前に踏み込んで対応することができずに真横に動いてしまい、リターンが甘くなる可能性が高くなる。

第2章 ファーストサービスからの戦術

反対側に大きなオープンコートが

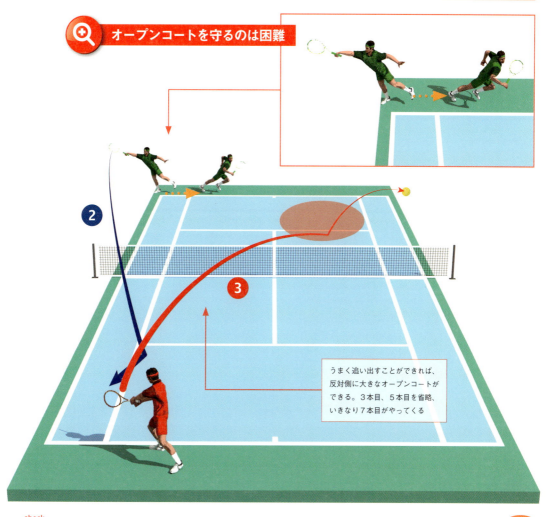

オープンコートを守るのは困難

うまく追い出すことができれば、反対側に大きなオープンコートができる。3本目、5本目を省略、いきなり7本目がやってくる

check

錦織圭も使う得点パターン

ここまでは相手がなんとかリターンしてきて、最終的に7本目で決着させるという想定だったが、このサーブが成功すれば、3球目で決着をつけられる、あるいは、相手はやっと返すだけになり、7球目を待たずにウイニングショットのチャンスがやってくる。うまくいけば体力を使わずに済むため、多くの選手が使っている。錦織圭もその一人だ。

Maruyama's EYE

技術的にも難しくない

技術的には高校生でも普通にこなせるだろう。身長175センチ以下だとフラットサーブでは難しいので、回転をかけて入れる必要がある。横に曲げながら少し落とす技術、つまり、スピン系のスライスサーブが最適だ。野球で言うなら横に曲がりながら縦に落ちるカーブのイメージ。一般のプレーヤーでも、ボールにスピードがない分、逆にコートに収まりやすいはずだ。

tennis tactics 049

20 レシーバーと駆け引きする

短いサービスを予測する相手にボディサーブ

ショートワイドへ逃がすサービスを打っていくと、相手は斜め前に踏み込んでカウンターのリターンを打ってくることが考えられる。そこでどう駆け引きするか。相手が警戒して待っているところに読み通りのサーブを打っても意味がないわけで、「7本」を「5本」「3本」にしたいから、駆け引きしながらいろいろ球種やコースを交ぜるのだ。

ボディサーブで詰まらせる

相手は中に入って構える

リターン側の選手が第一に考えるのはサーバーの攻撃を防ぐことなので、ショートワイドのサービスで得点していれば、そこを崩そうとしてくる。それには中に入るしかない。

Point

速いサーブ、ボディサーブが有効

相手がショートワイドのサービスを意識しているのが見えたら、センターへの速いサービスとボディサーブが有効だ。相手はコートの内側に入っているので時間がなく、速いサービスなら当てるだけのリターンになるだろう。ボディサーブも、体の近くはハードヒットできず、やっと身をかわして打つことになるので、当てるだけになる。まず甘いリターンが返ってくるものと考えていいだろう。

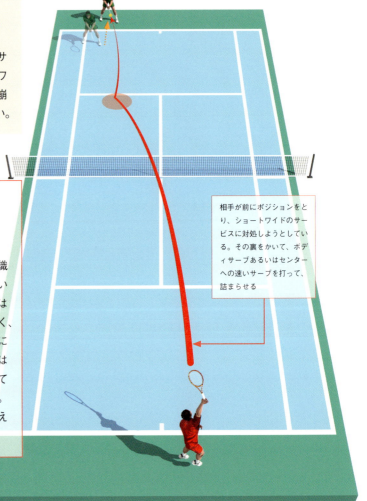

相手が前にポジションをとり、ショートワイドのサービスに対処しようとしている。その裏をかいて、ボディサーブあるいはセンターへの速いサーブを打って、詰まらせる

第 2 章 ファーストサービスからの戦術

相手の狙いはカウンター

相手の裏をかきボディへ

相手の意図を読み、裏をかく

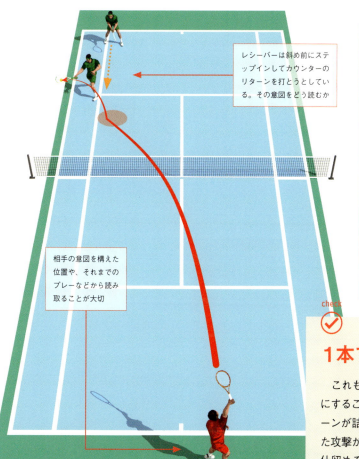

レシーバーは斜め前にステップインしてカウンターのリターンを打とうとしている。その意図をどう読むか

相手の意図を構えた位置や、それまでのプレーなどから読み取ることが大切

Point
前に入ってくる相手の動きを読む

相手がショートワイドを意識し、カウンターを狙っているなら、あらかじめポジションが前になっているはず。女子ならシングルス・サイドラインをまたぐ位置、コートの内側に一歩入ったところに立たなくてはショートワイドへのサービスには対応できない。そこからさらにステップインしてくるので、その動きを読むことだ。

check
1本で仕留めることも可能

これもうまくいけば「3本目」を「7本目」にすることが可能なプレーになる。相手のリターンが詰まって浮いてきたら、3本目を省略した攻撃が可能になる。5本目も省略し、1本で仕留めることも可能だろう。

tennis tactics 051

21 アドサイドのショートワイドへのサービス

▶ キックサービスからダウン・ザ・ラインへ

アドサイドでのワイド（右利きの相手のバックハンド）へのキックサーブは、バウンドの高いクレーコートでよく使う攻撃だ。下から上にラケットをこすり上げる動きを使い、ボールがより高く弾むサービスを打つ。一番使いたいのは、ショートワイドのサービスだ。

ショートワイドへのサービスで相手を追い出す

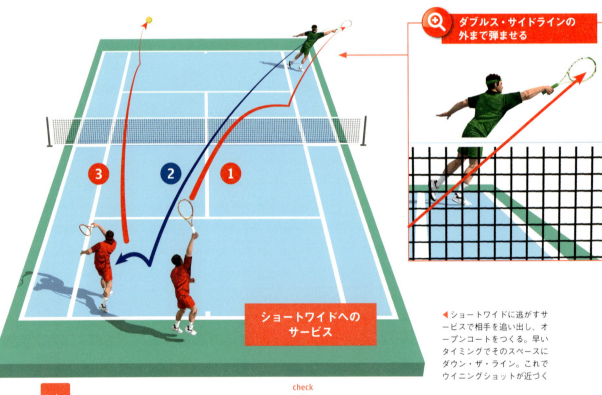

ダブルス・サイドラインの外まで弾ませる

ショートワイドへのサービス

◀ショートワイドに逃がすサービスで相手を追い出し、オープンコートをつくる。早いタイミングでそのスペースにダウン・ザ・ライン。これでウイニングショットが近づく

Point
キックサーブで外に弾ませる

このエリアにキックサーブを入れれば、シングルス・サイドラインどころかダブルス・サイドラインのはるか外まで弾ませることができるので、相手を完全に追い出せる。スピン系なのでスピードを求める必要はない。

check
3本目でフィニッシュも可能

相手がクロスに返してきたのを、バックハンドのカウンター、もしくは、（フォアハンドが得意なら）クレーコートプレーヤーのようにフォアハンドに回り込んで自由に展開する。キックサーブが有効なら、これも3本目でフィニッシュに持っていける。

第2章 ファーストサービスからの戦術

相手の動きを見て、逆をつく

早く戻ろうとする相手の動きが見えたら、フォアハンドの逆クロス、あるいはバックハンドのクロスで、動きの逆に打っていく

相手の動きを見極める

Point
早く戻りたい相手の逆をつく

　サービスで外に追い出すと、相手は少しでも早くコートに戻ろうとする。全力で、しかもバランスよくダッシュしているのが見えたら、バックハンドのクロス（あるいはフォアハンドの逆クロス）で相手の動きの逆をつくこともできる。動きの速い人ほど逆に戻るのが難しいので、このショットが効く。これも「7本目」につなげられるプレーだ。

Point
相手の動きをよく観察する

　外に追い出したら、相手の動きを観察しよう。クロスステップで戻る人はとっさの方向転換が難しく、アンディ・マレーのように正対して走る選手は逆をついても対応してくるということ。また、全力で戻るふりをして同じ位置に待ち構えている選手もいるということも覚えておこう。

tennis tactics　053

Maruyama Memo

ファーストサービスを入れることが大前提

　7本目までに決着をつけるうえでの大前提はファーストサービスを入れることだ。

　選手の心理として、ファーストサービスでは相手の最高のサービスをイメージする。ワイドだったらこれくらいまで逃げていくいいサーブがある、センターだったらこれくらいのスピードまである、とイメージしてリターンに入る。仮に甘いサービスを打ってしまっても、相手に最高のサービスのイメージがある限り、簡単には打ち込まれない。想定外の甘いサービスが来ると逆に対応に困ってしまうはず。その意味でも、ファーストサービスを高い確率で入れるべきなのだ。

　トッププレーヤーと格下との対戦では、ファーストサービスからリターンを打ち込まれてしまうこともあるが、それは打ち込まれてしまう程度のサービスしか持っていないということ。相手に「打ち込める」というイメージを持たれてしまうとそういう事態になる。男子は時速180キロ、女子は140から150キロが打てれば簡単には打ち込まれないので、選手はそうしたサービスを目指す。

　また、トップの選手ほど大事な場面でファーストサービスが入るもの。セレナ・ウイリアムズにも「重圧のかかった場面でファーストサービスを入れることができる。それが私の一番の武器だ」という発言がある。

第3章 セカンドサービスからの戦術

戦術を考えるにはサーバー側かリターナー側かという視点が大切だが、セカンドサービスからどう展開するかというのも見過ごされがちな点だ。

22 セカンドサービスの狙い

▶ 目標は確率100パーセント、得点率50パーセント

　セカンドサービスはもちろん確率100パーセントを目指す。得点率の目安は50パーセントだ。ファーストサービスが60パーセント入って（P11参照）、得点率80パーセントを保ち、そのうえでセカンドサービス時に50パーセントポイントできれば、ほぼサービスゲームをキープできる。

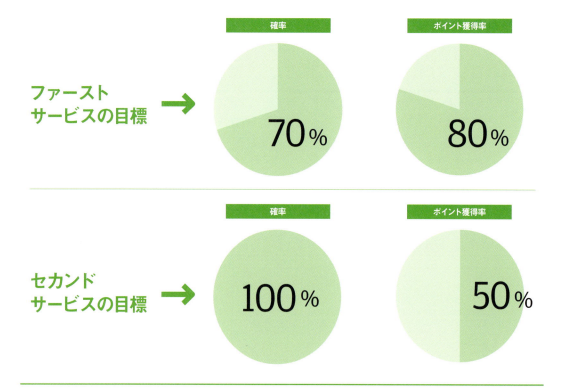

ファーストサービスの目標 → 確率 70% / ポイント獲得率 80%

セカンドサービスの目標 → 確率 100% / ポイント獲得率 50%

▼

サービスゲームのキープ

Point
リスクを負わず、確実に入れる

　ダブルフォールトは試合のリズムをこわしてしまうため、リスクを追うべきではない。多少リスクを背負って攻めてもいいのは、40－0、40－15などのスコアになったときだけだ。

 check

**プロが重視する
セカンドサービスからの展開**

　セカンドサービスからの展開はプロでは非常に重視されている。ファーストサーブで優位に立てるのは当然だから、相手に攻められることも多いセカンドサービスで、いかに50パーセント以上のポイント獲得率を維持するかに苦心している。プロと同じく50パーセントを目標にしよう。

第3章 セカンドサービスからの戦術

トッププレーヤーのセカンドサービス時のポイント獲得率 (2018年)

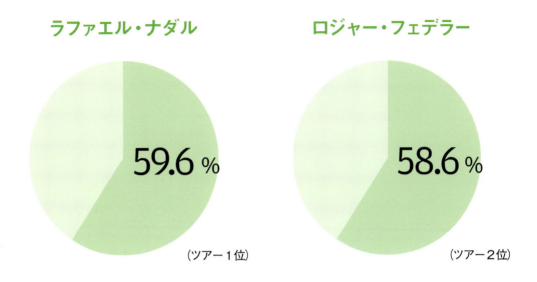

ラファエル・ナダル 59.6% (ツアー1位)

ロジャー・フェデラー 58.6% (ツアー2位)

サービスキープのカギを握るのはアドサイド

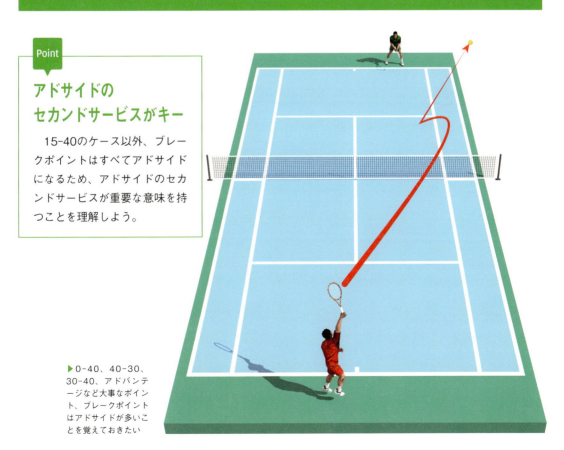

Point

アドサイドのセカンドサービスがキー

15-40のケース以外、ブレークポイントはすべてアドサイドになるため、アドサイドのセカンドサービスが重要な意味を持つことを理解しよう。

▶ 0-40、40-30、30-40、アドバンテージなど大事なポイント、ブレークポイントはアドサイドが多いことを覚えておきたい

23 セカンドサービスのターゲット

▶ フォアハンドの浅いところは危険ゾーン

　一般のプレーヤーでは、セカンドサービスは、ほぼ相手のバックハンドからボディを狙うことが多いだろう。ある程度の技術があれば一番簡単でリスクの少ない選択だ。しかし、そこから一歩、進んでみよう。

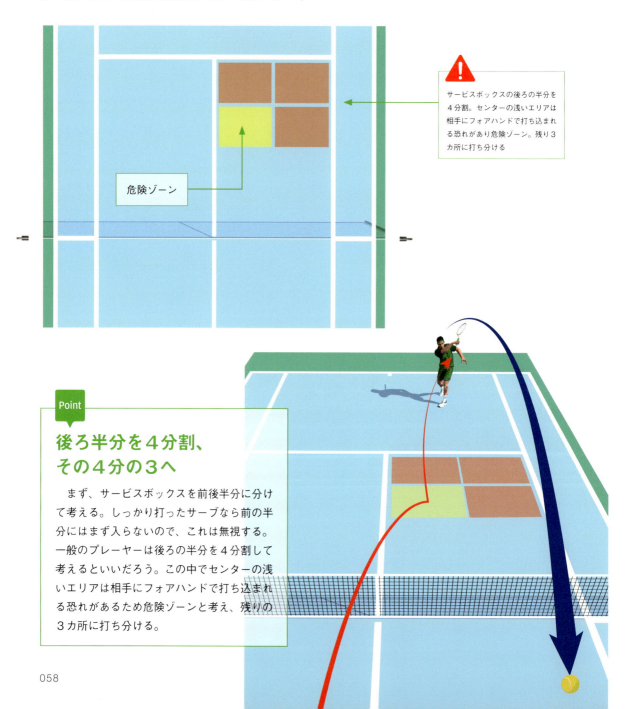

サービスボックスの後ろの半分を4分割。センターの浅いエリアは相手にフォアハンドで打ち込まれる恐れがあり危険ゾーン。残り3カ所に打ち分ける

危険ゾーン

Point
後ろ半分を4分割、その4分の3へ

　まず、サービスボックスを前後半分に分けて考える。しっかり打ったサーブなら前の半分にはまず入らないので、これは無視する。一般のプレーヤーは後ろの半分を4分割して考えるといいだろう。この中でセンターの浅いエリアは相手にフォアハンドで打ち込まれる恐れがあるため危険ゾーンと考え、残りの3カ所に打ち分ける。

Point
スピードがない分、深く

サービスにスピードがないので、まずは深く入れること。そのうえで、フォアハンド側とバックハンド側に打ち分ける。サイドライン側（右利きのプレーヤーのバック側）なら角度がつくので少々浅くてもOKだ。

check

アドサイドのワイドは意外と簡単

デュースサイドもフォア側の浅いエリアは危険ゾーン。また、ワイドは、スライスサービスで狙うと横に曲がりやすいので、難しいショットだ。アドサイドのワイドのサービスは案外入れやすいが、それに比べセンターは少し難易度が上がる。

サイドライン寄りに浅く

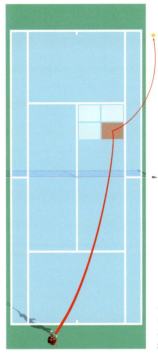

◀相手に確実にバックハンドで打たせることができる。角度があるので効果的

センター寄りに深く

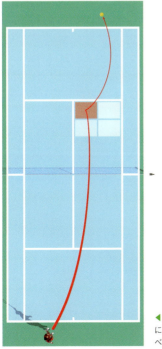

◀浅くならないように注意。ワイドに比べ難易度が高い

サイドライン寄りに深く

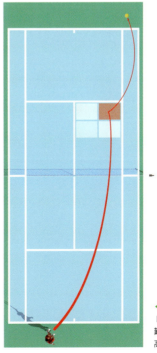

◀相手のバックハンドを狙うサービス。難易度は思ったほど高くない

24 スピン系でバックハンドを狙う

◉ 相手が打ちにくいと感じるところを狙う

　一般のプレーヤーはスピン系のサービスを深いところに入れることが基本だ。バックハンドの高い打点からダウン・ザ・ラインへ正確に打つ技術を持った方はほぼいないと考えられる。ここに、高くバウンドするスピン系のサービスを入れるのが最も有効だ。

バックハンドの高いところで打たせる

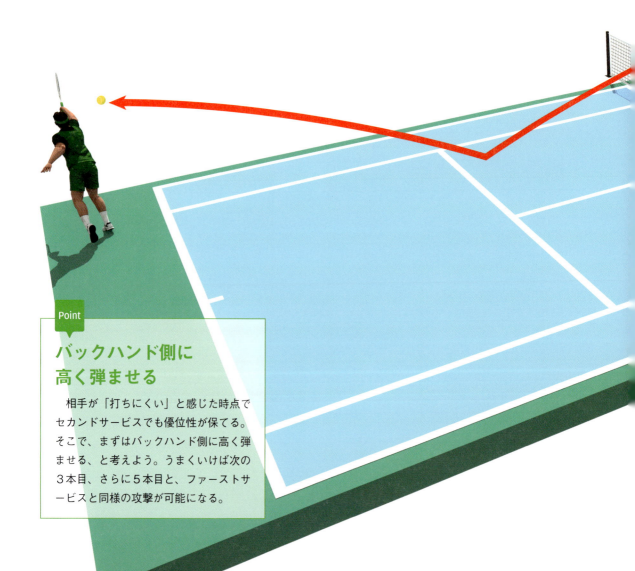

Point

バックハンド側に高く弾ませる

　相手が「打ちにくい」と感じた時点でセカンドサービスでも優位性が保てる。そこで、まずはバックハンド側に高く弾ませる、と考えよう。うまくいけば次の3本目、さらに5本目と、ファーストサービスと同様の攻撃が可能になる。

第3章 セカンドサービスからの戦術

▶甘くなったリターンを攻める

うまくいけば、ファーストサービス時のように、3本目で積極的に展開することができる

Point
相手が打ちにくいサービスを

一般的にはバックハンドの高いところを苦手にするプレーヤーが多いので、ここが狙い目。

Point
スピードのないリターンを打たせる

フォアハンド側は叩ける人が多いので、スピードのないセカンドサービスではリターンを打ち込まれる。スピードのあるリターンで時間を奪われ、サーバーは相手に主導権を譲ってしまうだろう。そこで、セカンドサービスでは、相手がスピードを出せないような場所に打つことが大事だ。

🔍 バックハンドの高い打点で打たせる

バックの高い打点で打たせればリターンのスピードが出ない

tennis tactics 061

25 サービスボックス÷2を6分割

◉ ワイドのスピンサーブを中心に

危険ゾーンを避け、4つのゾーンを狙う

高校、大学のテニス部、あるいは草トーナメントで上位進出を目指すプレーヤーにやってほしいのは、サービスボックスの後ろ半分を6分割し、■を除く4カ所（さらに絞るなら●の3カ所）を狙うことだ。フォアハンド側とバックハンド側の深いところと、バックハンド側の浅いところがターゲット。

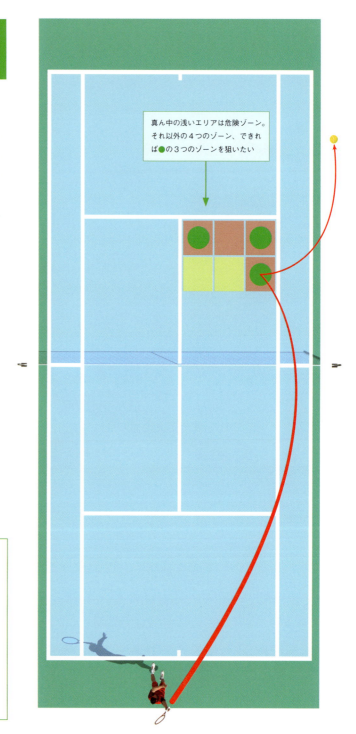

真ん中の浅いエリアは危険ゾーン。それ以外の4つのゾーン、できれば●の3つのゾーンを狙いたい

Point

ワイドのスピン系をメインに

4分割パターンと同じで、真ん中の浅いエリアは危険ゾーン。メインに使うのは、ワイドのスピン系サービス、なかでもやや浅いところに打つサービスだ

第 3 章 セカンドサービスからの戦術

ワイドの連発は避ける

このレベルになると、相手はリターンでコートの中に入って打つ技術があるので、ステップインして叩かれる恐れがある。よって、ワイドのサービスの連発は避ける。

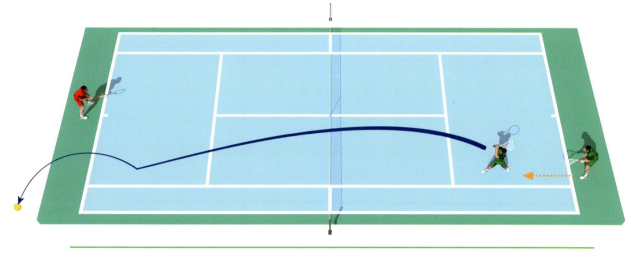

Point
サーブを散らして、予測させない

相手のアタックを防ぐには、センターと深いワイドに打てることを見せておくべきだ。前に入って攻めようとしているリターナーは、ここに打たれたら逆をつかれてブロックリターンするしかない。そうしたサービスを見せておくことで、ショートワイドのサーブでポイントが取れるのだ。

センターと深いワイドのサービスを見せておけば、リターナーは前に入ってこられなくなる

26 浅いキックサービスをうまく使う

○ 相手の体勢を崩し、いいリターンを打たせない

　前のページの状況で、ダウン・ザ・ラインへのアタックを難しくさせるために、浅いところにキックサーブを打つ作戦も考えられる。キックサーブはリターナーが右利きならバックハンド側にキックしていくので、うまく中に入れたとしても、相手は外に体が流れた体勢で打たなくてはならない。

キックサーブで相手の体勢を崩す

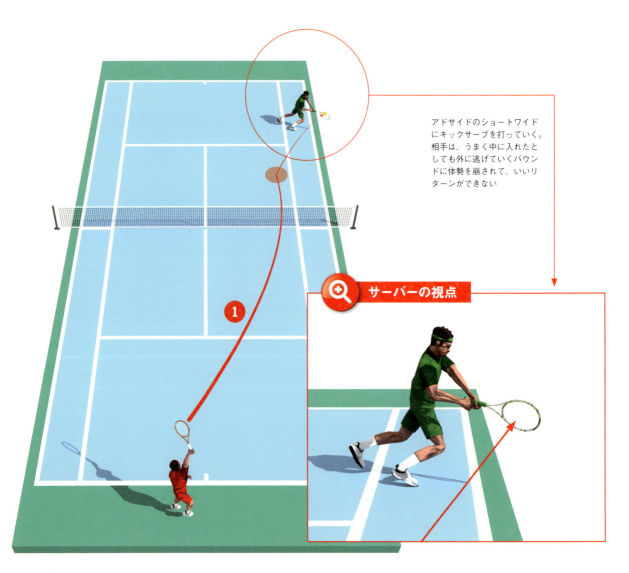

アドサイドのショートワイドにキックサーブを打っていく。相手は、うまく中に入れたとしても外に逃げていくバウンドに体勢を崩されて、いいリターンができない

サーバーの視点

第 3 章 セカンドサービスからの戦術

クロスに返せばなんとかなる

真上からの
リターナーの動き

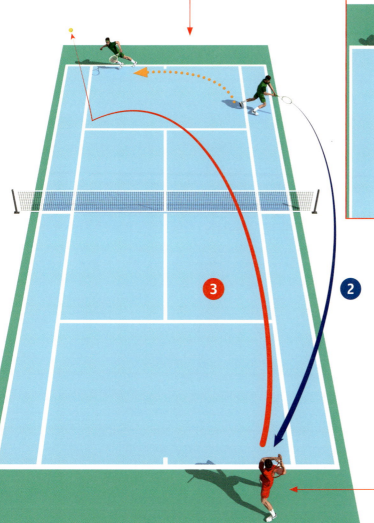

ダウン・ザ・ラインに好リターンを打たれても、なんとか触って返すことを心がける。クロスのオープンコートに返せば相手の走る距離が長くなり、得点の可能性が高まる

check

クロスのオープンコートに

　ダウン・ザ・ラインにいいリターンが返ってきたとしても、なんとか触ってクロスのオープンコートに返しておけば、少々甘くなったとしても、リターナーはリターンした位置から10メートル以上走らなくてはならない。したがって、キックサーブを浅く打てればポイントの確率は相当高まる。

tennis tactics 065

27 ターゲットを8分割して打ち分ける

▶ トッププレーヤーはこれほど精密に打ち分けている

男子のトッププロはP62の「6分割パターン」と同じような打ち分け（ショートワイド＋センターとワイドの深いところ）を、より高い精度で行う。サービスボックスの後ろ半分を8等分して、そのうちの5つのゾーン、なかでも●の3カ所をメインに狙うのだ。バックハンドを狙うなら、フォアハンドに回り込まれないだけの精度が必要となる。

8分割し、そのうちの5つのゾーンへ

●に打てれば押されない

セカンドサービスでは押されている状況や、ニュートラルより不利な状況から始めなくてはならないが、これらのゾーンに打てれば、7：3くらいで押しているところからポイントを始められる。ただし、この8分の1のゾーンに正確に打てる選手は男子ツアーでも多くない。

⚠ リターナーは狙いすまして待っている

リターナーはセカンドサービスではできれば叩いていこうと思って■の部分に来るのを待っている。うまく読みを外して逆をついたとしても、少しでも浅ければ叩かれてしまう。

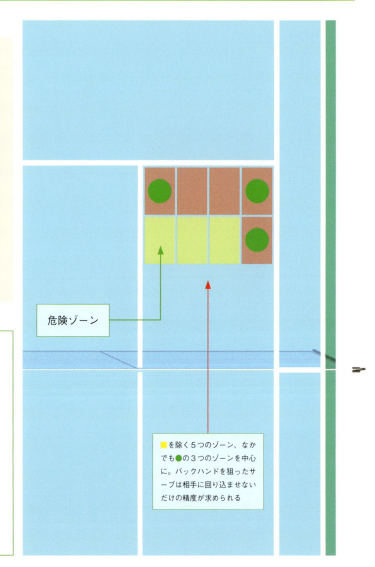

危険ゾーン

■を除く5つのゾーン、なかでも●の3つのゾーンを中心に。バックハンドを狙ったサーブは相手に回り込ませないだけの精度が求められる

第 3 章 セカンドサービスからの戦術

例1 センターへのスライスサーブ

Point
反応を一歩分遅らせる

例えばセンターにスライス系のサーブを打てば、相手の読みを外し、反応を一歩分遅らせることができる。したがって、サービスウィナーになるか、相手に甘いリターンを打たせることができる。ただ、スライスは曲がり幅のコントロールが必要なので、角度を間違えると外に逸れてしまう。また、それを承知で狙う勇気がないと甘くなって真ん中に行ってしまう。特にプレッシャーがかかった場面でしっかり打てるのはロジャー・フェデラーのような一部の選手だけだ。

▶センターへのスライスサーブは非常に高い技術が求められる

例2 少し浅いところへスピンサーブ

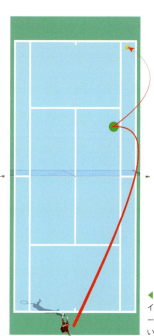

Point
コントロールしやすい

スピンサーブは比較的プレースメントしやすい。回転で縦に落とせるので、コントロールがしやすいのだ。

◀一般論としては、スライスサーブよりスピンサーブのほうがコースを狙いやすい

Maruyama's EYE
サーブで優位に立てないときにどうするか

以上がセカンドサービスで50パーセント以上の確率で得点するための、サーバー側の戦術だ。なお、このようにサービスで必ずしも優位に立てない状況で、ツアーの選手たちは、相手のタイミングを狂わせる、あるいはタイミングを外して相手の連続攻撃を避けるといった戦術を駆使している。それらの戦術は第5章で紹介する（P83）。

tennis tactics 067

Maruyama Memo

「8分の1」にチャレンジする トップ選手

　サービスボックスの後ろ半分の4分の1や6分の1という話をしたが、このように選手でもレベルによって目指すプレーは異なる。

　実際、8分の1に分割したエリアに100パーセント近い確率で打ち分ける選手にロジャー・フェデラーがいる。ノバク・ジョコビッチも狙っており、彼は40-0など余裕のある場面でこのサーブをよく使っている。これには実戦の中での練習の意図もあると思われる。

　錦織圭もセンターの「8分の1」によくトライしているが、プレッシャーのかかる場面では確率が下がるようだ。彼がときどきダブルフォールトしているのは、技術がないからではなく、レベルの高いプレーに挑み、結果的にミスになっていると見ることもできる。もちろん、フェデラーとはまだ技術の違いもあるが、プロはそうして常に高度なプレーにチャレンジしていることを見逃してはならない。

　入れるだけでよければ、ダブルフォールトはしない。しかし、それではなかなか勝っていけないので、あれこれ挑戦をしたり、試したりしているのだ。

第 **4** 章

リターンからの戦術

サービス側の優位は動かないので、
リターン側がまず考えるのは、
いかに相手の3球目攻撃を防ぎイーブンに戻すか。
そこからウイニングショットに
結びつける戦術を考えていく。

28 不利な状況をいかにイーブンに戻すか

▶ 3球目攻撃を防ぐには、まずは深いリターン

まずは振り幅の小さいブロックリターンでサーバーの足元に持っていくことを目指そう。ベースライン際に深くコントロールできれば、イーブンに戻す可能性が出てくる。

サーバーの足元に深く

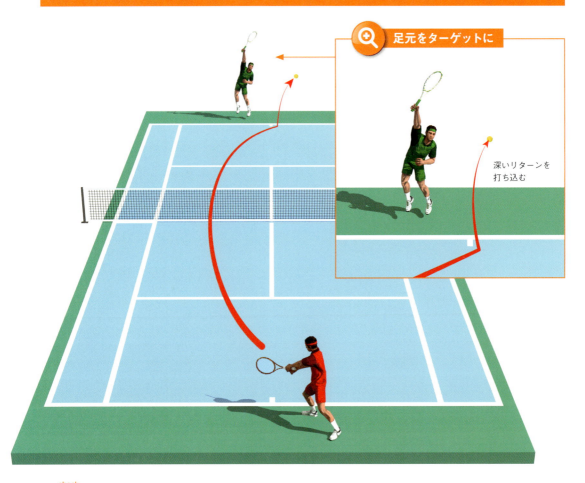

足元をターゲットに

深いリターンを打ち込む

check

後ろから角度を つけて打つのは困難

サーバーの足元への深いリターンはなぜ効果的なのか。第一に、ベースラインの後ろから角度をつけて打つのは非常に困難だからだ。相手の3本目が、あなたの左右5メートル以内の範囲に返ってくれば、止まって打てるので攻撃のチャンスが生まれる。

第 4 章 リターンからの戦術

後陣深くからは角度がつかない

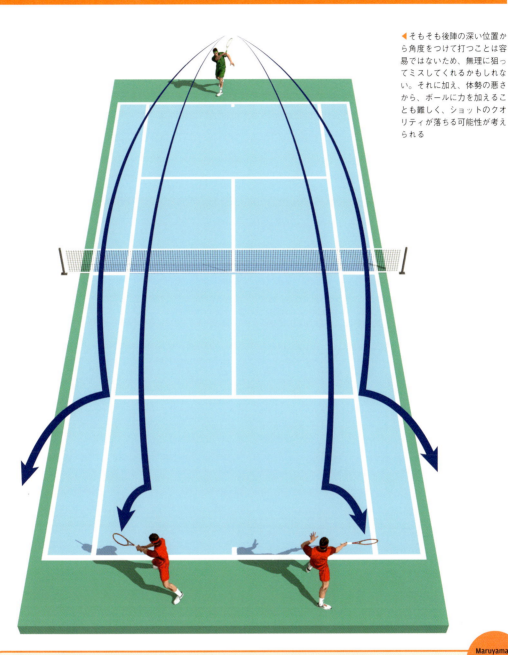

◀そもそも後陣の深い位置から角度をつけて打つことは容易ではないため、無理に狙ってミスしてくれるかもしれない。それに加え、体勢の悪さから、ボールに力を加えることも難しく、ショットのクオリティが落ちる可能性が考えられる

Maruyama's
EYE

下がりながら打つには高度な技術が必要

　相手の足元を狙うもうひとつの理由は、サーバーはベースラインの内側に着地して下がりながら打つ形になるため、ボールに力を加えにくいからだ。力のベクトルが反対に向いているため、下がりながら伸びるボールを打つのは簡単ではない。伸びるボールを打つにはスイングスピードやフィジカルを生かして打っていくしか方法がない。このショットがうまいのはドミニク・ティームや杉田祐一など、ごく限られたプレーヤーだ。

tennis tactics　071

29 崩されてからのカウンターパンチ

> 相手の攻めを読み切ってカウンター

　ブロックリターンは相当深く打たないと３本目攻撃を許してしまう。それ以外の状況も含め、相手に３本目攻撃を許した場合、いかに相手の狙いを読んでカウンターを打つかがイーブンに戻すためのカギになる。

相手の３本目、どこへ攻めてくるか？

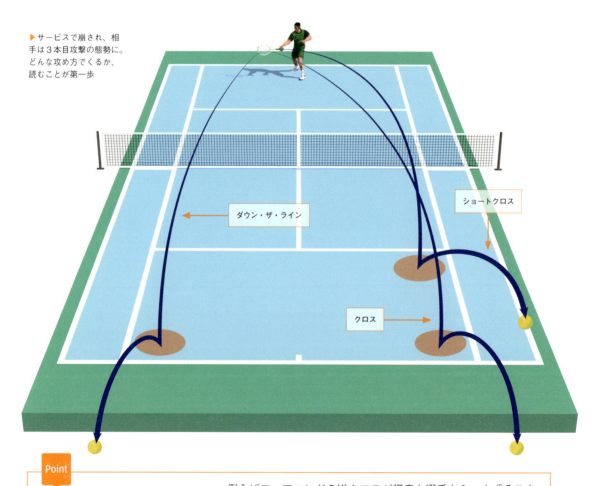

▶サービスで崩され、相手は３本目攻撃の態勢に。どんな攻め方でくるか、読むことが第一歩

ダウン・ザ・ライン　／　ショートクロス　／　クロス

Point　確率的に高いところから読む

例えばフォアハンドの逆クロスが得意な選手なら、まずそこを読む。相手の技量、ポジションを含めて確率の高いところから読んでいく。そのうえで、例えば「これまではここに打ってきたが、大事なポイントだから逆に来るかもしれない」などと予測する。

カウンターで形勢逆転

相手の3本目、5本目の攻撃を読み切ってカウンターパンチを打てれば、サーバーと立場が入れ替わる。例えばラリーの6本目がサーバー側の5本目に入れ替わり、ウイニングショットを打つチャンスが来るかもしれない。カウンターのコースは、有効な順にダウン・ザ・ライン、ショートクロス、ディープクロス（できればハードアタック）だ。

例　相手のクロスを読んでカウンター

相手のどこを見るか

▲相手の技量、得意なショット、これまでの傾向、ポジション、打球時の面の向きなどから総合的に予測する

相手がクロスに打ってくると読み切って、カウンターパンチをダウン・ザ・ラインに。正しい予測があって初めて可能になるプレーだ

Point　リスクを冒して自分の読みに賭ける

読みが外れたら、ボールに触るだけになってしまい、サーバー側のウイニングショットに直結してしまう。しかし、読みが当たれば、そこまでは押されていたのに立場が逆転し、ブレークする機会が来るかもしれない。ならばリスクを冒しても相手の攻めを読む、というのもひとつの方法。サーブで完全に崩されたときも同様だ。

30 超攻撃的なカウンターリターン

▶ リスクを負った積極的なリターン

　P72の「カウンターパンチ」と同じ考え方で、リターンからのカウンターも形勢を逆転するショットになりえる。相手のサーブを読む、ヤマを張ることが前提だ。読みが外れたらエースを取られるか返すだけになってしまうが、自分の読みにすべてを託す戦術となる。

中に入ってクロスにアタック

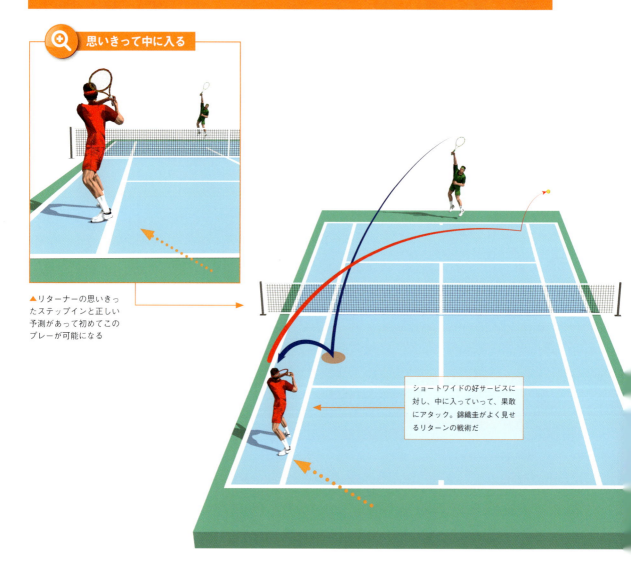

思いきって中に入る

▲リターナーの思いきったステップインと正しい予測があって初めてこのプレーが可能になる

ショートワイドの好サービスに対し、中に入っていって、果敢にアタック。錦織圭がよく見せるリターンの戦術だ

第 4 章 リターンからの戦術

読んでいないとできないプレー

相手のショートワイドのすごくいいサービスに対し、中に入ってクロスにアタック。これはサーブのコースと球種を読んでいないとできないショットだが、錦織圭がよく使うカウンターアタックだ。一か八かに見えるプレーなのに成功確率が大変高く、相手がそこに打たされている感じにさえ見える。相手にしてみれば、いいサーブを打ったはずなのに、なんでいいリターンをされてしまうんだろう？　という気持ちにさせられるプレーだ。ヤマを張るプレーだから、大きなリスクはある。しかし、うまくいけば1本で形勢逆転、6本目、8本目でウイニングショットを打つ機会がやってくるだろう。

あっさり見送ってエース。実は伏線!?

好サーブとはいえ、リターナーがあっさり見送ってエースを許している場面が時々見られる。もしかしたら、大事な場面で同じサービスを打たせるための伏線かも!?　相手に「今日はこのサービスが決まるな」と思わせておいて、つまり伏線を張っておいて、大事なところではそれを読む。これはトップの選手ならではの戦術だ。

tennis tactics　075

31 リターンゲームのポジショニング

▶ ワイドやビッグサーブも警戒する

リターン時の基本のポジショニングは、個人差はあるが、ベースラインの1歩後ろ、図の「基本ポジション」の位置だ。ワイドのサービスを警戒しなくてはいけないときは、1歩コートの中に入り、シングルスラインをまたぐところが適正なポジション。

check

大きく下がって構えるのはなぜ？

クレーコートで、ビッグサーバーまたはキックサーバーを相手に「まずは確実にリターンを返し、次も攻撃されるけれどがんばって走って、何本目かにニュートラルに戻してものにしよう」というテニスをする選手がいる。ラファエル・ナダル、スタン・ワウリンカ、ガエル・モンフィスといった選手たちだ。彼らは最大でベースラインから4メートルも下がることがあるが、基本は下がっても3メートルまでだ。下がれば下がるほど角度がつくため、後ろに立つのはワイドに対する準備ができている場合に限られる。

076

第4章 リターンからの戦術

ワイドに逃げるサービスへの対応

Point
ポジションを変えて練習する

ワイドに逃げるサービスを打たれた場合を考えよう。最初から中に入って構えると、時間がないので1歩しか動けない。しかし、跳びつけば1歩で届く距離なので、これは正しいポジショニングだ。通常のポジションでは2歩で追いつく距離、下がって構えたら3歩の距離。まず、中に入って1歩＝ワンステップで打つ練習、ニュートラルなポジションから2ステップで打つ練習、下がって3ステップで打つ練習と、分けて練習を行おう。

ワイドのサービスに何歩で届くか

前に立って斜めに踏み込めば1歩で届くが、下がれば下がっただけ距離は伸び、歩数が増える。したがって跳びつくだけでは届かなくなる。

2歩目

3歩目

2歩目

1歩で跳びつく

Option トスの間に動く奇襲も

小柄な日本選手が後方に立つと、ワイドの浅いサービスには届かない。ところが、ここに立つ選手がいるのは、わざとワイドの浅いサーブを打たせる作戦だ。相手がトスを上げた瞬間に動いて前に入っていくのだ。トスを上げるとリターナーが見えないので、その間に動くという奇襲。ただし、自分も落ち着かないというのはデメリットだろう。

check
立たれる位置で見え方が違う

サーバーにしてみれば、リターナーに立たれる位置によって、相手のコートの見え方が全然違う

tennis tactics 077

32 相手のセカンドサービス時のアタック

▶ サーブを読んで積極的に展開していく

　相手のセカンドサービスとはいえ、アタックするには相手のサービスを「ほぼここだろう」と読む必要がある。読めて初めてできることだ。読みが外れたら返すだけになってしまうが、そのリスクも覚悟のうえでのプレーとなる。

ダウン・ザ・ラインにアタック

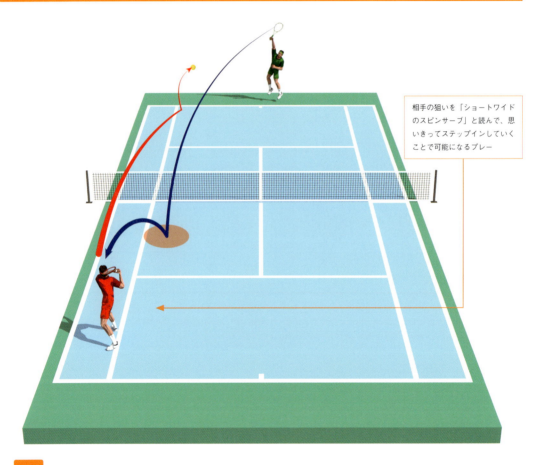

相手の狙いを「ショートワイドのスピンサーブ」と読んで、思いきってステップインしていくことで可能になるプレー

Point　アタックするならダウン・ザ・ライン

　最も有効なのはダウン・ザ・ライン。相手はわかっていてもとれない。相手はクロスの遠いところを何とか触って返せるように準備しているので、ダウン・ザ・ラインの反応は遅れがちになる。次に有効なのは角度をつけること。どちらもできなければ深さを出すことだ。

第 4 章 リターンからの戦術

Option 次のオプションは角度と深さ

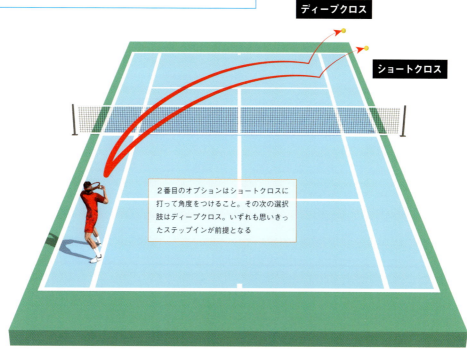

2番目のオプションはショートクロスに打って角度をつけること。その次の選択肢はディープクロス。いずれも思いきったステップインが前提となる

Option かき回してサーバーの優位性を失わせる

上記のパターンがどれもうまく打てそうもないときは、浅くて低いボールで相手をネットに誘い出す方法がある。リターン側はもともと不利な立場なので、どちらに転ぶかわからない状況にして、かき回してしまえばサーバーの優位性を失わせることができるという考え方の戦術だ。最後のオプションとして頭に入れておくといいだろう。

相手を前に誘い出すプレー

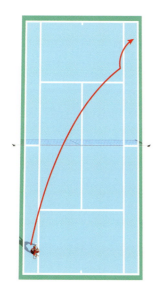

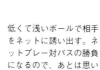

ネットプレー対パスの勝負

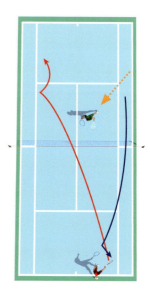

低くて浅いボールで相手をネットに誘い出す。ネットプレー対パスの勝負になるので、あとは思いきって打っていくだけ

tennis tactics 079

33 相手におびき出されたら

> ネットで攪乱するのは正しい選択

前のページでリターン側の選手が「浅くて低いボールで相手をネットに誘い出す方法」を紹介したが、P34ではサーバー側の選手が「スライスであえて浅いところに打って相手をネットにおびき出す」戦術を紹介している。ここでは、相手にネットに誘い出されたときにリターン側の選手はどう対処するか、というのを考えてみる。答えは「真ん中に打って、真ん中に詰める」だ。

Q.誘いに乗るべきか否か

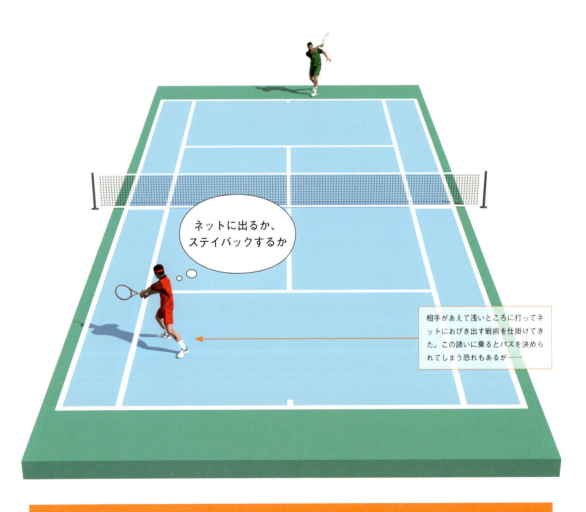

ネットに出るか、ステイバックするか

相手があえて浅いところに打ってネットにおびき出す戦術を仕掛けてきた。この誘いに乗るとパスを決められてしまう恐れもあるが……

A.状況を良くしたいのでネットに出る

第 4 章 リターンからの戦術

不利な状況だからこそ
ネットへ出て攪乱

リターン側はそもそも不利な立場だから、「少しリスクを冒してでもポイントを取りたい」「相手の主導権を崩したい」と考えるのは当然。そこで、浅いボールが来たらすかさずネットへ出て攪乱するのは正しい考え方だ。

真ん中に打って
真ん中に詰める

アプローチのコースはセンター。相手のパスのコースを限定するためだ。当然、真ん中にポジショニングして、パスに対応する。あとは相手との読み合いだ。

真ん中にポジショニング

真ん中へ打って
前に出る

互角かやや有利な
状況に持ち込む

アプローチのコースは真ん中なので、相手はそのショットに追いつくが、ネット対グラウンドストロークの勝負になれば、ほぼ互角とも言える。パスのコースはダウン・ザ・ラインかクロスか、二つに一つ。ヤマを張っても二分の一の確率で当たる。つまり、ニュートラルもしくはネットを取った選手に若干、有利な展開だ。うまくいけば、相手がやりたい得点パターンを封じることができる。

アプローチのコースに注意

ボールが浅いと見て、ここぞとばかりにダウン・ザ・ラインにアプローチを打っても、サーバー側の選手はそれを待ち構えてパスを狙っている。つまり相手の思うつぼにはまってしまう。

tennis tactics 081

Maruyama Memo

ネットを取ったのか、取らされたのか

　この章では「相手を前に誘い出す」プレーを紹介した。第2章でも、浅いボールを打って相手を誘い出すプレーを紹介している。

　こうしたプレーはプロの試合でもよく見られる。テレビの中継では、選手がネットに出てくるとアナウンサーが「積極的にネットを取りました」と実況するが、必ずしもそうとは限らない。ショートボールでおびき出されてネットを取るしかない状況、つまり、相手の戦術でネットを取らされていることも多く、実際は80パーセントくらいがそのケースといえるだろう。

　こうして相手が甘いボールでネットに出てくるのを待ち構えている選手も多いのだ。

　ただ、意図的に浅く打つのではなく、逆をつかれたり追い込まれたりしてショットが浅くなった場合は、このパターンに持ち込むのは困難。やっと返したショットはバウンドしてから甘くなるので、相手の選手はアプローチショットのスピードも出しやすいし、どちらの側にも打つことができる。

　そのあたりまでよく見ていると、テニス観戦がもっとおもしろくなるだろう。

第5章

ニュートラルな状況からいかに7本目につなげるか

この章では、セカンドサービスやリターンなど、
必ずしも優位ではない状況から
「7本目」に持っていくことを目標に、
基本戦術をおさらいしていく。

34 最も安全なクロスをベースに

● 基本はダウン・ザ・ラインよりクロス

クロスはネットの低くなっている位置をボールが通過することと、ネットを越えてから落下地点までの距離が長いことから、ミスをする可能性が比較的低いショットだ。打ったあとでポジションに戻る距離が短いこともクロスのメリット。

クロスはリスクの小さいショット

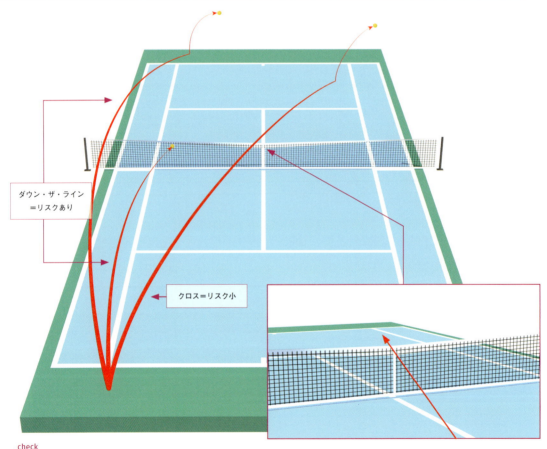

ダウン・ザ・ライン＝リスクあり

クロス＝リスク小

check

ネットの低いところを通過

クロスのボールは、センターストラップでネットが低くなっているあたりを通過するので、多少弾道が低くなってもネットを越えていく。

第5章 ニュートラルな状況からいかに7本目につなげるか

少々ブレてもミスになりにくい

check

少々振り遅れても大丈夫

ラリーで一番多いミスは振り遅れだが、クロスは振り遅れてもコートの内側（センター寄り）にずれるだけで、ミスにはなりにくいショットだ。ダウン・ザ・ラインには、狙って振り遅れると、サイドラインをアウトしてしまうリスクがある。

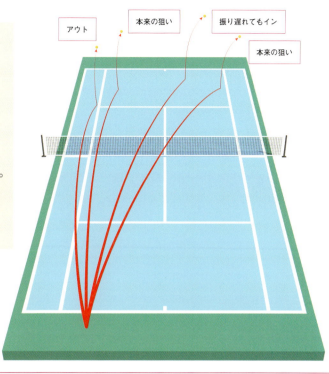

▶ショットの方向性が多少ずれて、本来の狙いとずれたとしても、うまくコートにおさまってくれるのがクロス。少しのずれでミスになりやすいのがダウン・ザ・ライン

Point

ひっかけるミスも起こりにくい

クロスでのミスは、打点が早くなって引っかけるミスヒットが考えられるが、相手のボールにスピードがあれば、そのミスはまずないと考えられる。よって、ミスをするリスクが少ないのがクロス。つまり、基本はクロスとされている。

次のポジションへの移動距離

check

クロスは浅くなっても移動距離が短い

ダウン・ザ・ラインに打ったらセンターマークの少し先まで移動して待たなくてはならない。クロスは少し浅くなったら攻撃される恐れがあるが、それでもダウン・ザ・ラインが甘くなって攻められる場合より走る距離は短くて済む。

クロスに打つ

▶相手の返球を待つために大きくポジションを移動する必要がない

ダウン・ザ・ラインに打つ

◀相手を動かすこともできるが、一方で自分も相手の返球に備えて大きく移動する必要がある

tennis tactics 085

35 クロスにもリスクがある

● ボールが少し浅くなったときが危険

クロスに深く打てば、ショットがぶれても少し内側に入るだけだし、相手に角度をつけられても対応できる。ただし、すでに書いたように、中途半端に浅くなると、相手は止まって打てるので、攻撃を許すリスクがある。

相手が待っているところに打ったら

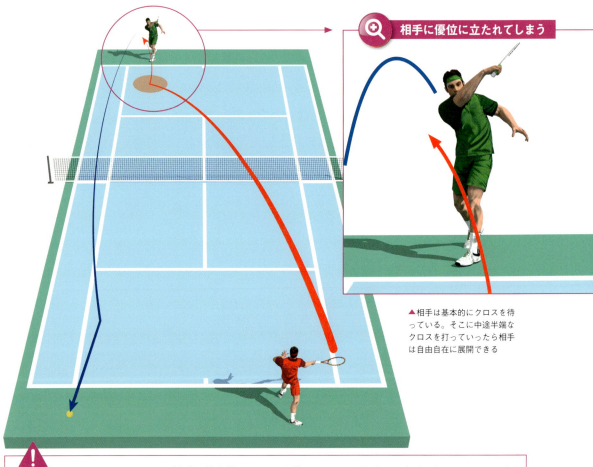

相手に優位に立たれてしまう

▲相手は基本的にクロスを待っている。そこに中途半端なクロスを打っていったら相手は自由自在に展開できる

⚠️ **相手はクロスを予測している**

相手は基本的にクロスを待っている。相手は、自分がいいショットを打てばダウン・ザ・ラインのカウンターは難しいので、クロスに返ってくると予測しているだろう。その状況でボールが浅くなったら、相手の思い通りになる。ほぼその場で打てる＝止まって打てるため、どこでも打てる状況になってしまう。

第5章 ニュートラルな状況からいかに7本目につなげるか

相手に止まって打たせない

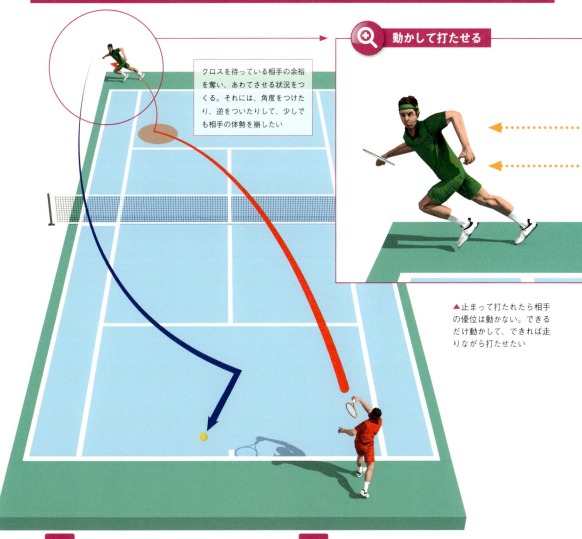

クロスを待っている相手の余裕を奪い、あわてさせる状況をつくる。それには、角度をつけたり、逆をついたりして、少しでも相手の体勢を崩したい

動かして打たせる

▲止まって打たれたら相手の優位は動かない。できるだけ動かして、できれば走りながら打たせたい

Point

できればランニングショットをさせたい

相手に止まって打たせないことはひとつの鉄則。しっかり構える余裕があれば、プロならどこへでも打てるし、一般のプレーヤーでも、高校生のインターハイプレーヤーでも、攻撃的なボールが打てるだろう。できるだけ止まって打つ余裕を与えないこと、できればランニングショットするしかない状況にして焦らせることだ。

Point

相手に無理をさせてミスを誘う

それには、少し長い距離を走らせるか、逆をつくことが必要だ。相手は良い体勢で打てないので、ハードヒットしてもリスクのあるショット、無理のあるショットになり、ミスを誘える。止まって打たなければそんなに強烈なショットは来ないはず。ただし、男子ツアーでは、例えばナダルのようにランニングショットで精度の高いパワーショットが打てる選手が強いということもお忘れなく。

tennis tactics 087

36 ダウン・ザ・ラインで優位に立つ

● 早めの展開は現代テニスで必須

相手のバランスを崩せる、時間を奪うことができる、読みを外せる、タイミングを外せることはダウン・ザ・ラインのメリットだ。ただし、いいショットが打てれば圧倒的に有利になる一方で、甘くなったら圧倒的に不利になるという両面性を持つショットであり、リスクのあるショットと言える。

ダウン・ザ・ラインに先に展開

積極的にダウン・ザ・ラインに展開し、優位に立つことは今のテニスでは当然のプレーといえる

精度の高さが求められる

ダウン・ザ・ラインは技術的に高い水準を要求されるショットだ。甘くなったら外に切れてアウト、タイミングが早くなってしまったら内側に入って相手に打ち込まれてしまうリスクがある。精度の高いショットを打たなければダウン・ザ・ラインに持っていく意味がない。

第5章 ニュートラルな状況からいかに7本目につなげるか

甘くなるとクロスに逆襲される

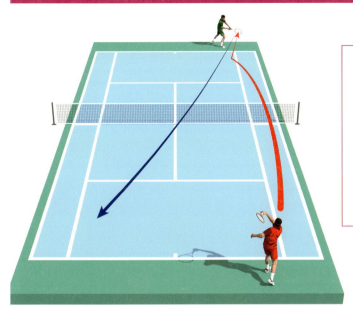

 ダウン・ザ・ラインのリスク

少し内側に入ったり、浅くなったりすれば、相手はステップインして（前に踏み込んで）角度をつけて打ってくる。すると、極めて長い距離を走らされてしまう。

Maruyama's **EYE**

クロス主体の時代は終わった

以前（20、30年前）はクロスが基本といわれていたが、今は積極的にダウン・ザ・ラインに展開するようになった。昔はプロのレベルでもクロスのラリーが10本続いたりしていたが、その時代は終わった。互いに積極的にダウン・ザ・ラインに展開して走り合うのが現在のラリーの姿で、リスクの高いショットという認識もなくなった。ただ、精度が要求されるのは当然で、ダウン・ザ・ラインのほうが"勝負をしている"という意識はプロもどこかに持っている。

ダウン・ザ・ラインは次のポジションへの移動距離が長い

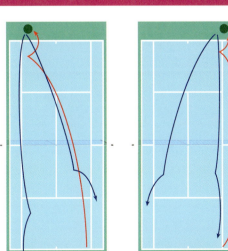

クロスに打つ

▶そもそもダウン・ザ・ラインは、次の相手の返球に備えて大きく動いてポジションに戻る必要がある。クロスはその移動距離が短くて済む

ダウン・ザ・ラインに打つ

◀P85で解説したように、ダウン・ザ・ラインは次のポジションまでの移動距離が長く、それがひとつのリスクになる

tennis tactics 089

37 深いボールで守り、角度で崩す

● 相手を下げれば守る範囲が狭くなる

深いショットには、相手を後ろに下げられる、自分の時間をつくれるなどのメリットがある。相手に角度をつけて打たれるリスクがないので、長く走らなくてもボールに追いつくことができて、次のショットの準備ができることも有利な点だ。

深いショットのメリット

Point

時間をつくる

深いショットを打つことで、相手を下げることができる。相手はベースライン後方からでは角度をつけて打つことが難しくなる。また、相手を後ろに下げた分、時間をつくることができる。その時間を使い、攻撃的なポジションに入ったり、逆にずれたポジションを戻したり、ということができる。

相手を下げれば、返球に角度がつかない

check ✓

深く打てば相手は角度をつけて打てない

コートの内側に入れば角度をつけて打ちやすいのだが、深い位置から角度をつけるのは簡単ではない。ネットまで距離があるので、角度をつけて短く打とうとするとネットに邪魔されて、物理的に入る可能性が低くなる。

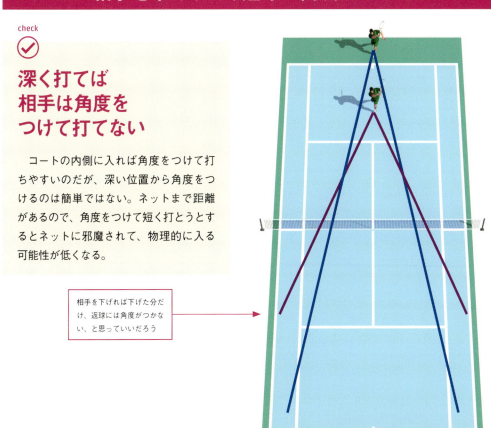

相手を下げれば下げた分だけ、返球には角度がつかない、と思っていいだろう

Option 角度をつけて相手の移動距離を大きく

逆に自分がベースラインより後方に下げられた場合、角度をつけて打つにはどうしたらいいのか。ボールを持ち上げてトップスピンをたくさんかけて落下させることだ。ボールにスピードを与えることはできないが、それでも角度をつけることによって相手の移動距離を大きくして、外に追い出すことが可能だ。すると、次のショットにいろいろなバリエーションができて、自由に展開できる。

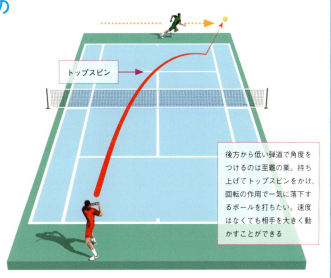

後方から低い弾道で角度をつけるのは至難の業。持ち上げてトップスピンをかけ、回転の作用で一気に落下するボールを打ちたい。速度はなくても相手を大きく動かすことができる

38 チェンジ・オブ・ペースを使う

● 球種、球質に変化をつけて崩す

　球種やラリーのテンポに変化をつけて崩すことをチェンジ・オブ・ペースと言い、どの選手もこれを取り入れている。同じテンポでは相手も慣れてきて、いいリズム、自分のリズムでプレーされてしまうので、相手にリズムをつかませないためにタイミングを外す戦術だ。スピードや回転の変化、弾道の高低差をつけて打ち分けるのが基本だ。

回転や弾道の高さに変化をつける

トップスピンとスライス、フラットの弾道の高さの違い

▶弾道の高さとスピードが変わればそれだけで相手は打ちにくい。基本的にはトップスピン、スライス、フラットの3つの球種を打ち分ける。スライスやフラットはネットの10センチ上を通過する低い弾道、トップスピンは1メートル上を通過する高い弾道になる

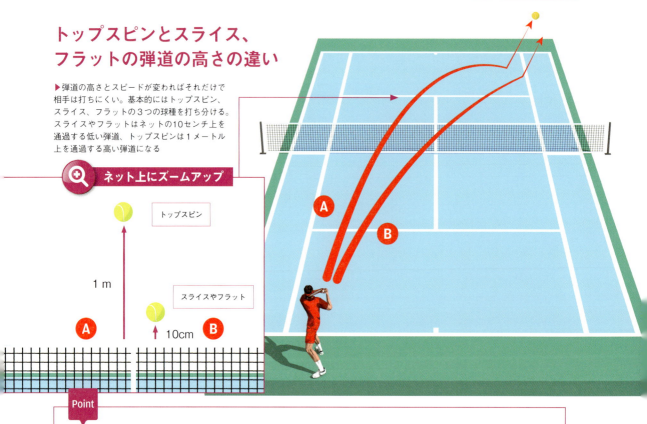

ネット上にズームアップ
A トップスピン 1m
B スライスやフラット 10cm

Point
異なる球種でタイミングを外す

　同じクロスのラリーでも、選手はトップスピン、スライス、フラットと3つの球種を打ち分ける。異なる球種を交ぜることで相手のタイミングを外すのが目的だ。受けるほうにしてみれば、スピードの変化に加え、まっすぐ来たり、大きく弾んだり、滑ったり、スライスで外に逃げたり、内に入ってきたりするので的がしぼりにくく、思った通りのショットが打ちにくいと感じる。

第5章 ニュートラルな状況からいかに7本目につなげるか

Point
3つの球種で3ないし4カ所に

中に入ったらディフェンシブなショットは必要ないので、ここではニュートラルなポジションからのショットを考えていく。狙う場所はクロス、ショートクロス、ダウン・ザ・ラインの3カ所。あるいは、ダウン・ザ・ラインのショートアタックを加えた4カ所だ。ここに左記の3つの球種をミックスして配球する。弾道の高さはまずはP92の図の2種類を練習しよう。ネットのどれだけ上を通過させるかが弾道の高さの目安だ。

Point
相手の位置を見ながら

例えば、相手が中に入っていたら、高い打点で打たせて詰まらせるために、弾道の高いトップスピンを深く打っていく。相手が下がっていたら、そこに深く打っても意味がないので、浅いスライスで揺さぶる。相手の足元への深いスライスのラリーから、ドロップショットで縦に長く走らせることもできる。こうして、コースと球種を変えたり、同じ球種で異なるコースに打ったりしながら揺さぶる。

例1　深いトップスピン＋浅いスライス　▶　中に入り、ダウン・ザ・ラインに攻撃

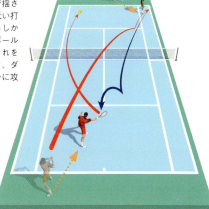

▶深いトップスピンⒶで相手を後ろに押し込み、浅い（弾道が低く、バウンドも低い）スライスⒷで前後に揺さぶる

▶浅いスライスで揺さぶれば、相手は低い打点から持ち上げるしかないので、甘いボールが返ってくる。それを予測して中に入り、ダウン・ザ・ラインに攻撃的に打っていく

例2　深さを変えてクロスに打つ

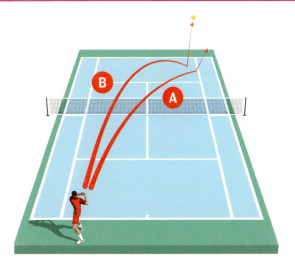

▶回転量の多いトップスピンⒶをクロスに角度をつけて打つ。相手が前にポジションを取ったら、今度は高い弾道のトップスピンⒷを深いクロスに打ち、前がかりになっていた相手を詰まらせる

38 チェンジ・オブ・ペースを使う

ストロークでミスをしない相手と当たったら？

Point

横でダメなら縦に崩す

チェンジ・オブ・ペースの応用問題として、相手を想定して崩し方を考えよう。まずは「グラウンドストロークでミスをしてくれない相手」の場合。ストロークが得意な選手は横に動かされるのは慣れている。横（左右）に崩してダメなら、縦に崩すと考えよう。深い球とドロップショット、浅いスライスなどを交ぜて、ときにはネットに誘い出したり自分からネットを取ったり、と前後に動かして崩すのだ。

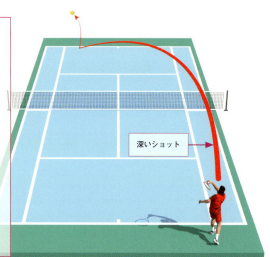

深いショット

粘り合いばかりではおもしろくない

Maruyama's EYE

自分も相手と同タイプなら、あえて攻撃しないで持久戦を挑み、体力勝ちを狙う作戦もなくはない。実際、インターハイはそのパターンが多くなりがちだ。打ち合い、つなぎ合って、最後は精度の低いほう、体力がなくなったほうが負けるという試合が多くある。しかし、そればかりではおもしろくない。その勝負はテニスというゲームの限られた一面でしかない。

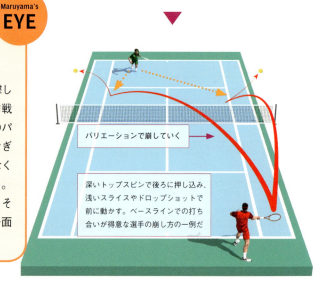

バリエーションで崩していく

深いトップスピンで後ろに押し込み、浅いスライスやドロップショットで前に動かす。ベースラインでの打ち合いが得意な選手の崩し方の一例だ

check ✓

コート全体を見渡す能力が必要

こうしてチェンジ・オブ・ペースを駆使するには、実は多くの能力が要求される。そのひとつが空間を把握する能力だ。ボールを見て、打つ場所を見て、相手を見て、さらにネットの位置と高さも感じていなくてはならない。コートの大きさ、ボールの高さ、相手との距離、ボールやラインとの距離も全部そうだ。つまり、コート全体を見ていなくてはできないのがこのプレー。したがって、子供の頃からこういうプレーを心がけておくことが大きな助けになる。

第5章 ニュートラルな状況からいかに7本目につなげるか

フォアが武器のハードヒッターとどう戦うか

Point

四番打者を打ち取るつもりで

　これもチェンジ・オブ・ペースのバリエーションで答えを出すことができる。タイミングを崩す、相手の時間を奪う、逆に時間をつくる、相手に的を絞らせないといったプレーの総合力で崩すのだ。野球に例えれば、相手の四番バッターを打ち取るイメージ。

▶相手はフォアハンドが得意だからといって、バックハンド一辺倒は正しい戦術ではない。まず、深いトップスピン❶で相手の武器であるフォアハンドを崩し、返球が甘くなったところをバックハンドのクロスに❷。チャンスボールが返ってきたら、相手の得意なフォアにウイニングショット❸を打ち込む

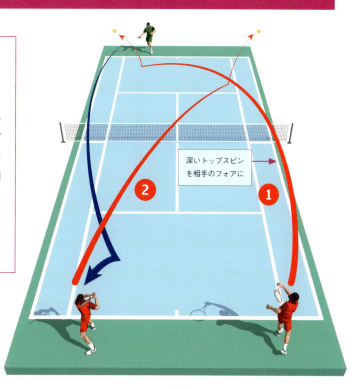

深いトップスピンを相手のフォアに

Maruyama's EYE

相手の武器をつぶさないと勝てない

　最終的に相手の武器であるフォアハンドを崩さないことには勝ちきれない。相手の得意なポイントを崩すことは戦略の大原則だ。フォアが得意な選手はバックハンドを狙われるのは慣れているので、単純にフォアを避けるだけでは相手の思い通りになってしまう。そこで、あえてフォアハンドを崩す作戦が必要だ。フォア側に長く走らせてからバックを狙い、最後のチャンスボールはフォアに。これが戦術の一例だ。

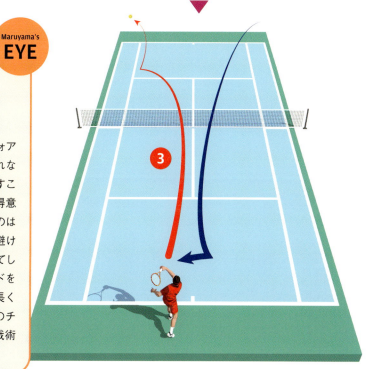

tennis tactics 095

39 相手に100パーセントのショットを打たせない

● 回転量や回転の性質、弾道の高さを微妙に変える

トップの選手は同じ球種で同じコースでラリーを続ける場合でも、例えばネットから10センチの高さ、30センチ、50センチ、さらに1メートル上と、弾道を調節する。ラファエル・ナダルのような選手はさらに2メートル上の弾道も使う。しかも、同じフォームから同じスピードで、回転量で調節して弾道の高さを打ち分けるのだ。これもチェンジ・オブ・ペースのひとつ。

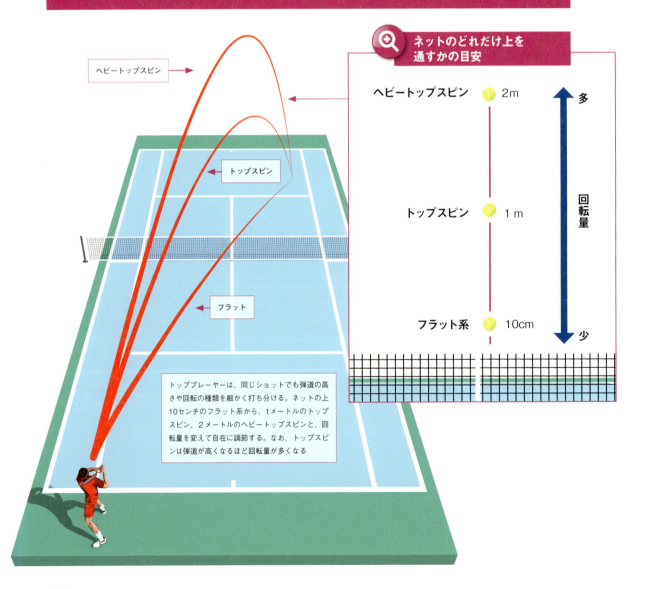

トップスピンの回転量、弾道の調節

ネットのどれだけ上を通すかの目安

- ヘビートップスピン　2m
- トップスピン　1m
- フラット系　10cm

回転量　多／少

トッププレーヤーは、同じショットでも弾道の高さや回転の種類を細かく打ち分ける。ネットの上10センチのフラット系から、1メートルのトップスピン、2メートルのヘビートップスピンと、回転量を変えて自在に調節する。なお、トップスピンは弾道が高くなるほど回転量が多くなる

第5章 ニュートラルな状況からいかに7本目につなげるか

スライスの打ち分けとその意図

Point

スライスだけでも何種類も

スライスの場合は、まず縦回転のもので回転量を変えて2種類程度の打ち分けを行い、さらに横回転を加えたスライス、外に逃げるスライスを打ち分ける。そうして、例えばネットすれすれに低く出して相手の打点を落としてハードヒットを防ぐ、サイドスピン気味に打って相手のミスを誘う、などと用途を使い分ける。

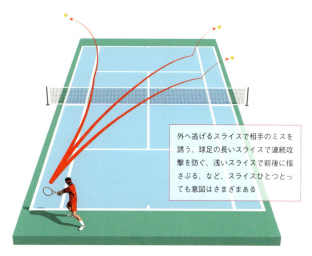

外へ逃げるスライスで相手のミスを誘う、球足の長いスライスで連続攻撃を防ぐ、浅いスライスで前後に揺さぶる、など、スライスひとつとっても意図はさまざまある

Point

微妙な違いで的をしぼらせない

同じようなコースへのスライスでも、微妙に回転を変えて、相手を崩していくことができる。低い打点で打たせて守備的なショットを強いる、体勢を崩してミスを誘うなど。

Maruyama's EYE

ちょっとずつ芯を外す

なかなか気づきにくいことだが、錦織圭のコーチ、マイケル・チャンは「フェデラーの強さは同じボールを続けて打たないことだ」と語っている。確かによく見ると、同じようにトップスピンを打っているように見えて、少しだけ外にボールを逃がしたり、ラケットの抜き方などで、少しずつ変化をつけたりしている。だから相手は的をしぼれず、ちょっとずつ芯を外される感覚で打たされてしまうのだ。

Maruyama's EYE

フェデラーのフォアの微調整

フェデラーはまた、フォアハンドの強打の中でもチェンジ・オブ・ペースを使う。例えば普通に打ち込んだらカウンターが返ってきそうな場面では、次で確実にポイントするための布石として、あえてスピードを落としてフォアハンドを打っていく。精度とスピードに定評のあるフェデラーのフォアハンドでさえ、こうして工夫を加えていることを知ってほしい。

tennis tactics 097

40 ラリーをスローダウンする

● あえて「相手に時間を与える」

　早いテンポで攻めたい相手の攻撃を防ぐ、また、時間をつくって自分が正しいポジションに戻るために、ラリーをスローダウンさせる場合がある。

　こうして緩急をつけてピンチを防いだり、相手を崩したり、自分が展開しやすい状況にもっていく、というのがテンポを操るということだ。

ループボールで時間をつくる

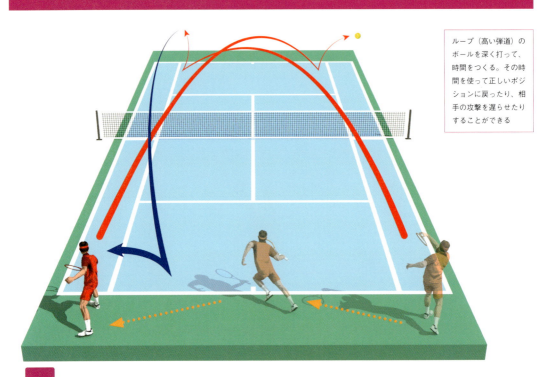

ループ（高い弾道）のボールを深く打って、時間をつくる。その時間を使って正しいポジションに戻ったり、相手の攻撃を遅らせたりすることができる

Point　ループボールでテンポを落とす

　「ループ」という表現を聞いたことがあるだろう。これは高い弾道のトップスピンで「時間をつくる」ショットだ。弾道の高さと回転の効果によって着地後もボールが大きく弾むため、ラリーのテンポが落ちる。一旦、相手に攻撃をやめさせるため、またはテンポの変化で相手にミスを誘いたいときに使うショットだ。基本的にディフェンシブな戦術で、トッププレーヤーではオフェンスで使う選手はあまりいない。

Option　スライスでテンポを操る

　スライスもテンポを操るために使われるショットだ。攻撃の中で自分から変化をつける必要があるとき、ディフェンスで相手の連続攻撃を阻止する目的など、さまざまな意図で使われる。

第 5 章　ニュートラルな状況からいかに 7 本目につなげるか

ポジショニングで時間を生み出す

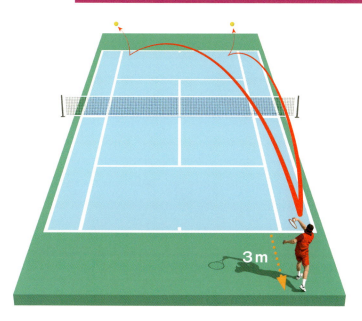

下がり目のポジションから深いボール

Maruyama's EYE

トッププロでは自分のポジションを下げ、そこから深いボールを打って時間を生み出す選手がいる。例えばベースラインから 3 メートル下がったところから、ベースラインまで運ぶのだ。これをフラット系のボールでダウン・ザ・ラインに打てるのが、フアンマルティン・デルポトロ。パワー、テクニック、スピードの全部が必要なショットだ。

▲ループボールを使う代わりに自分のポジションを後方に下げて、その分の時間を生み出す選手もいる

長い距離を飛ばせば時間が生まれる

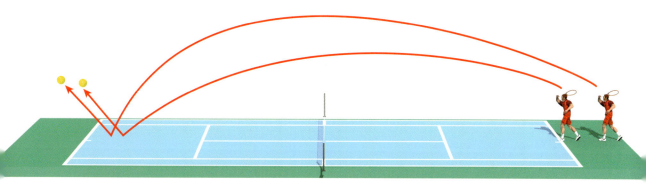

Point

深さが勝負。コースは考えない

一般プレーヤーがフラット系のショットで長い距離を飛ばすのは不可能なので、ループを使い、ネットの 2 メートル上を通してクロスに深く運ぼう。その深さで時間を稼ぐのだ。これは深さが勝負のショットなので、角度をつける必要もなければ、クロスが少々内側に入ろうが同じことだ。ダウン・ザ・ラインでリスクを負う必要もない。どうしても相手に止まって打たれてしまうので、真ん中でもどこでも同じことなのだ。

tennis tactics　099

41 相手の時間を奪う

● タイミングで奪うか打球の速さで奪うか

スローダウンの逆に、相手の時間を奪うプレー。例えばコートの中に入り、早いタイミングで打つことによって、相手に時間を与えないプレーができる。時間を奪う＝相手にしっかり構える時間を与えないことが目的で、速いサービスやグラウンドストロークを打つのと同じ意味を持っている。

コートの中に入って時間を奪う

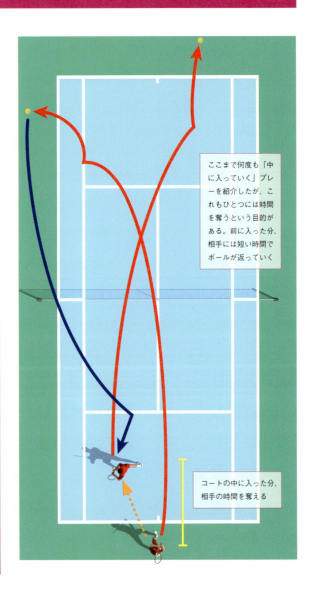

Point
ポジショニングによって時間を奪う

相手の時間を奪うには、まず、ポジションを前にすること。ベースライン上か、チャンスボールならコートの内側から打っていくことだ。ベースラインより後ろからであれば、ハードヒットしてスピードを出すしかない。グラウンドストロークでも時速130キロ、140キロないと相手の時間を奪うことはできない。

Point
時間＝ポジションと思考力を奪う

時間を奪うとは、ひとつには相手のいいポジションを奪うことだ。また、時間を与えないことで思考回路を奪う効果もある。相手に選択肢を与えず、何とか返すという選択を強いることができるので、戦術的に優位に立つことができる。したがって、相手にとっては、逆をつかれたり、バランスを崩されて、とりあえず返すという単純作業を続けることになる。

ここまで何度も「中に入っていく」プレーを紹介したが、これもひとつには時間を奪うという目的がある。前に入った分、相手には短い時間でボールが返っていく

コートの中に入った分、相手の時間を奪える

第5章 ニュートラルな状況からいかに7本目につなげるか

ライジングショットで時間を奪う

バウンドの跳ねてくるところ、つまりライジングで相手の時間を奪うプレーを実践したのが伊達公子

Point
上がりぎわ（ライジング）を捕らえる

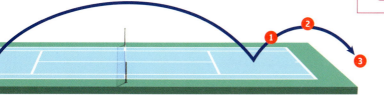

❶ ライジング　❷ トップ　❸ トップを越えてから打つ（昔の基本）

早いタイミングで捕らえることも、ポジショニングを上げるのと同じだ。バウンドが下がってきたところを腰の高さで打つのが昔の基本だが、伊達公子は上がり際のライジングで捕って効果を上げた。ただ、ライジングはイレギュラーバウンドの恐れもあり、自分からタイミングを合わせにくいので、それよりはやや後ろ、なおかつ高いヒッティングポイントからの攻撃が現在の主流になっている。

高い打点からボールのスピードで時間を奪う

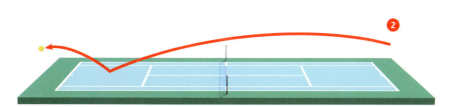

▲Next Gen（次世代）に代表される若い選手たちは、バウンドの頂点付近の高い打点でも強打できるテクニックを持っている。それを生かし、タイミングの早さ＋打球のスピードで相手の時間を奪う

Maruyama's EYE

高い打点＋打球の速さで時間を奪う

　男子ツアーで活躍している若い選手たちは、肩より上の打点でもしっかり叩くことができる。伊達公子のように前に行って早く打てばそれだけ相手の時間を奪えることになるが、それより少し後ろから、高い打点で、よりスピードを出すことができれば同じように時間を奪うことができる。そこで彼らはタイミングの早さではなく、高い打点でハードヒットして時間を奪うプレーを身につけている。また、錦織圭はプレースピードの速さによって同じ効果を得ている。

tennis tactics 101

42 アプローチはアタックでなくてはならない

▶ アプローチショットとネットプレーの現在形

　ステファン・エドバーグやボリス・ベッカーが見せた、アプローチショットを深く打ってネットで勝負するスタイル、パッシングショット対ネットプレーの構図は今では見られない。現代のアプローチショットはほぼアタッキングショット。ハードヒットして相手を崩すことを前提としたものだ。名前はアプローチショットでも実際はフィニッシュに近いアタッキングなのだ。ネットを取ってからの得点パターンはボレー（カットボレー）とスイングボレーの2つだ。

アタックからスイングボレーでフィニッシュ

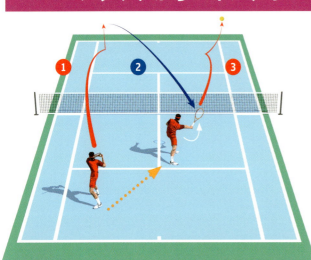

◀ラリーで、あるいはリターンからダウン・ザ・ラインにアタック❶。相手が高いボール❷で逃げてきたのを前に入っていって、スイングボレーで仕留める❸。返球が浮いたらバウンドさせないで前に入って打ってしまうことを心がけたい。フェデラーもよくやっている。バウンドさせて攻撃をやり直すより数段、効果的な攻めができる

Point
攻めるアプローチが前提

　以前のようなアプローチの仕方でネットを取っても、なかなかポイント獲得率50パーセントには達しない。パッシングショットの精度が上がり、パワーもスピードもあるため、多くの場合、ネットプレーを上回ると見るべきだ。アプローチショットから攻めるというのが前提で、アタックして初めて6～7割の確率でポイントを奪えるネットプレーが可能になる。アプローチショットでスライスを使うなら、すごく短く刻んだり、鋭くスピードのあるスライスでボールを滑らせるなどのプラスアルファが必要だ。

Point
逃げてきた高いボールを仕留める

　相手の返球が浮いてきたのをグラウンドストロークと同じ技術で叩くプレーがスイングボレー。「7本目」のフィニッシュで用いる機会の多いショットだが、もちろんそれ以外でも使う機会が多くある。例えばリターンや4本目のカウンターが成功し、相手が弾道の高い球で逃げてきたときに、下がらずに前に出てスイングボレーでフィニッシュする。また、相手が下がってブロックリターンしてきたのをスイングボレーで仕留めるというパターンも。このプレーで、相手の「ゆっくり深く返す」というオプションを消すことができる。

第5章 ニュートラルな状況からいかに7本目につなげるか

相手を追い出し、カットボレーでフィニッシュ

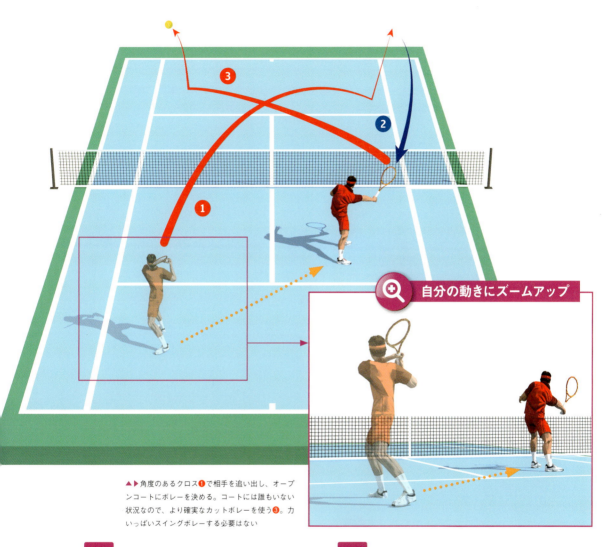

▲▶角度のあるクロス❶で相手を追い出し、オープンコートにボレーを決める。コートには誰もいない状況なので、より確実なカットボレーを使う❸。力いっぱいスイングボレーする必要はない

自分の動きにズームアップ

Point
精度が求められるときはカットボレー

　状況としてはスイングボレーとほぼ同じ。相手の返球が腰より高く浮いてきたら、基本的にはスイングボレー。ただし、バランスを崩してしまったり、打点が落ちたり、相手の逆をつくなど精度が必要とされるときはカットボレー（普通のボレー）がベターだ。

Point
カットボレーはコースをついて打つ

　スイングボレーに比べスピードが出ない分、相手の逆をつくなど、より正確なプレースメントが必要。言い方を換えれば、スイングボレーに比べ、打つべきコースが限定されるショットだ。また、例えば相手をコートの外に追いやって、コートがら空きというときは、ミスの確率が低いカットボレーでいくべき。

tennis tactics　103

43 相手との読み合いに勝つ

● ドロップショットからネットへ

　ドロップショットは1本で決まる場面ももちろんあるが、相手がそれを拾ってネットに詰めてくるのを待ち構え、次のショットでポイントを取るシーンがよく見られる。相手もできるだけ読まれないように処理するので、そこからは互いの読み合いだ。ただ、ダッシュしながら読まれないように打つのは高度なプレー。相手の動きをずっと見ているほうが読みやすいのは当然で、ドロップショットを仕掛けた側が読み合いに勝つ可能性が高いのだ。ここまで含めてドロップショットは、リスクこそあれどポイントできる確率の高いプレーといえる。

ドロップショットから次でフィニッシュ

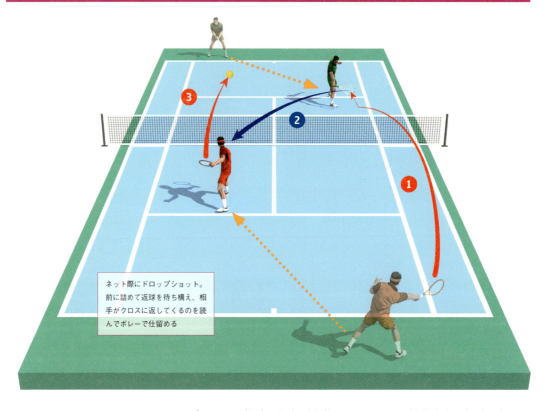

ネット際にドロップショット。前に詰めて返球を待ち構え、相手がクロスに返してくるのを読んでボレーで仕留める

攻勢、守勢、どちらの局面でも

　このプレーは、相手の出来が非常によかったり、前後左右に相手を振らなくてはポイントできないなど苦しい局面で行うケースと、チャンスが増えてきて、さらに相手を追い込みたい、チャンスボールを決めるだけではなく前後に揺さぶって体力も奪いたい、というときに使うケースの2パターンが考えられる。なお、苦しまぎれにドロップショットを試みると不思議と失敗しやすいので、ポイントを取るにはかなりの技術、精度が必要だ。

相手の判断を誤らせるプレー

ドロップショットのあとの動き

◀ドロップショットを打ったら前に詰め、相手の返球のコースを読む。相手に余裕があれば、読み合い、だまし合いになる

相手にドロップショットを打たれた側は、走っていって単純にポンと面を出すと読まれてしまうので、容易に読ませない工夫が必要となる。面をつくってそれを相手に見せておいて、最後に逆に打つ、あるいはノールックで逆に打つなど、そういったプレーができると、ドロップショットを処理する側がポイントを取る確率が上がる。

ドロップショットを打たれた側は

◀ドロップショットを打たれた側も、クロスと見せかけてダウン・ザ・ラインに打つなど、相手に読ませない工夫が必要になる

Maruyama's EYE

サーブ＆ボレーも相手との読み合い

サーブ＆ボレーも相手との読み合いという意味合いの強いプレーだ。以前は全部サーブ＆ボレーをする人もいたが、現代テニスでは、相手が予測していない場面で不意をつく、一種の奇襲攻撃としてのテクニックとなる。まずはそれが前提だが、相手がポジションを下げているときにサーブ＆ボレーを試みるというのが、もう一つの考え方だ。P76で書いたように、ナダルはリターンでベースラインから3メートル、4メートル後方にポジショニングすることがある。そういう選手にサーブとリターンの攻防で勝つにはサーブ＆ボレーも必要だ。

相手の位置を見てサーブ＆ボレー

相手がかなり後方にポジショニングしているのを見て、サーブ＆ボレー。この場合は、相手がステップインしてこないと予測したうえで、ワイドに浅いサーブを打つ。相手が大きく後方に下がっているから、短いボレーでフィニッシュ。

44 攻撃エリアと守備エリアの再考

● 従来の常識は通用しない

　ここで、攻撃的にプレーすべきエリアと守備的にプレーすべきエリアを整理しておこう。ニュートラルゾーン、アタックゾーン（3本目、5本目に相当）、フィニッシュゾーン（7本目に相当）の3つのエリアをイメージする。サービスから、いかにアタックゾーンに移行するか、また、攻勢、守勢どちらでもないニュートラルゾーンから、いかにアタックゾーンにつなげるかが勝負だ。従来のエリア区分から現代は大きく変わっていることに注目しよう。

攻守のエリア区分

以前は後方からの攻撃は常識外だった

　右ページ下の図と比較してみよう。以前は最初の立ち位置自体、今より一歩後ろで、その付近は「ディフェンスゾーン」。つまり、とりあえずラリーを続けるゾーンとされていた。その前が「ニュートラルゾーン」で、ここでは「まだ無理するな」と指導され、さらに前（アタックゾーン）に来たら初めてアタックしてもいい、とされていた。今の考え方とは大きく異なることに注目してほしい。

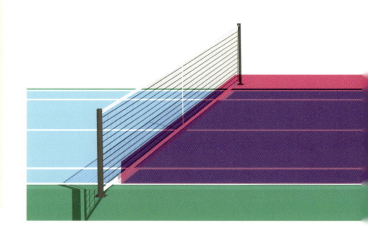

サービスライン付近からベースライン近くまでアタックゾーンが大きく広がる。その後ろは、ディフェンスゾーンではなくニュートラルゾーン。守備専念ではなく、チェンジ・オブ・ペースなどで少しずつ相手を崩すプレーが求められる。男子の若手ではベースライン付近からの一撃でフィニッシュに近づけてしまう選手も多い

「とりあえず続ける」ゾーンは消滅

　ベースラインの後方に下げられたとしても、そこは従来のような「ディフェンスゾーン」、「とりあえず続ける」場所ではない。ここは「ニュートラルゾーン」であり、これまで見てきたように「相手に時間を与える」とか、「球種やペースの変化で相手を揺さぶる」プレーをすべきだ。

第 5 章　ニュートラルな状況からいかに 7 本目につなげるか

check

攻撃ゾーンが以前より格段に広くなっている

　以前はサービスラインとベースラインの真ん中より深くに落ちるボールは相手の好ショットと考えられていて、ここでは無理に攻めるなと指導されていた。しかし今は、このエリアの一部はアタックゾーンとされている。男子ツアーでは、ベースライン近くに深い球を打っても逆にアタックされてしまう時代だ。ストライクゾーン、つまり自分から攻撃するエリアが格段に広がっている。高校生や一般のプレーヤーもそれをやっていかないと、20本でやっとポイントが終わるような根性テニスになってしまうか、6本目、8本目で相手に逆襲を食らってしまうだろう。

Maruyama's EYE

アタックゾーンさえ省略する若手選手

　目標は 7 本目までに決着をつけることであり、場合によっては 3 本目、5 本目を省略する、と書いてきた。そうして、いきなり「7 本目」に相当する攻撃を行うケースでは、アタックゾーンさえ省略する。実際、若い男子ではそういう選手が増えている。それにはタイミングの早いカウンターのダウン・ザ・ラインが有効で、今の攻撃の主流になっている。

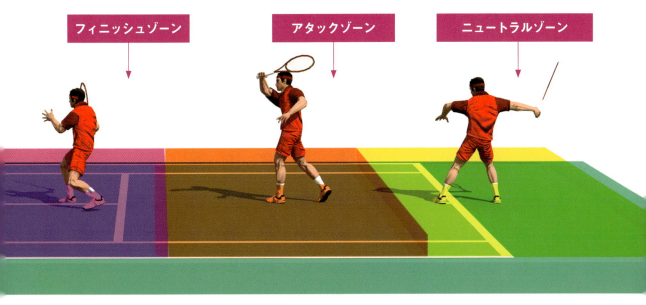

フィニッシュゾーン　アタックゾーン　ニュートラルゾーン

従来のエリア区分

ベースライン後方は「様子を見ながらとりあえず続ける」ゾーンとされていた。ベースラインの内側も「ニュートラルゾーン」で無理に攻めるな、と指導された。現代テニスと比べ、全体的にプレーが消極的だった時代のエリア区分

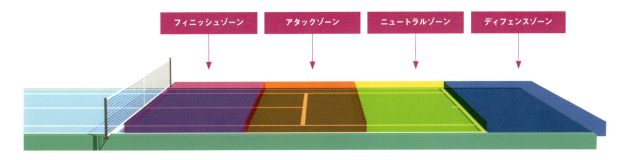

フィニッシュゾーン　アタックゾーン　ニュートラルゾーン　ディフェンスゾーン

tennis tactics 107

Maruyama Memo

錦織に時間を与える ガスケやツォンガ

　錦織圭が「時間を奪う」のが上手な選手であることはご存じだろう。サービスからの3本目、5本目攻撃でコートの内側に入り、速攻を仕掛けるのは得意のパターンだ。しかし、リシャール・ガスケ、ジョー・ウィルフリード・ツォンガといった選手はそれを防ごうと意図的に時間をつくる。リターンのポジションを下げ、そこからスピンの効いた深いリターンを打ってくる。あえてスピードを抑え、コート後方から相手のベースラインに球足の長いリターンを打ち、錦織に"時間を与える"のだ。

　錦織は早く打ちたくてもボールが来ないし、少し無理して深いところから3球目を打っていっても、相手は時間があるからしっかり構えてカウンターのチャンスを待っている。打ち込まないで少しスピードを落とすと、相手がステップインして打ってくる。これは錦織には嫌な状況だ。本来は3球目で攻撃したいのに、ニュートラルに持ち込まれ、やりたくない体力勝負のラリーを強いられるのだ。

　なお、自分の位置を下げ、なおかつ深く打つというのはガスケやツォンガのように高度な技術力があってはじめてできること。スピードを出さずに距離を出すのは簡単ではない。それはともかく、3本目、5本目、7本目で仕留めたい選手にとって一番嫌なのは、時間をつくられること。「時間を奪う」だけでなく「時間を与える」プレーがあることを覚えておこう。

第6章

ダブルス：サービスからの戦術

シングルス以上にダブルスではサーバー側が優位。
したがって「3本目でフィニッシュ」を目標にしよう。

45 ダブルスは3本目で仕留める

● 前衛のボレーでフィニッシュ

シングルスでは、いいサーブと最高のグラウンドストロークが必要なので7本目までに決着をつけることを目指すが、ダブルスのサービス側は3本目で仕留めることが目標だ。プロツアーではどのペアも、返ってきた相手のリターンを前衛のボレー1本で仕留めようとしている。

前衛が3本目で決着をつける

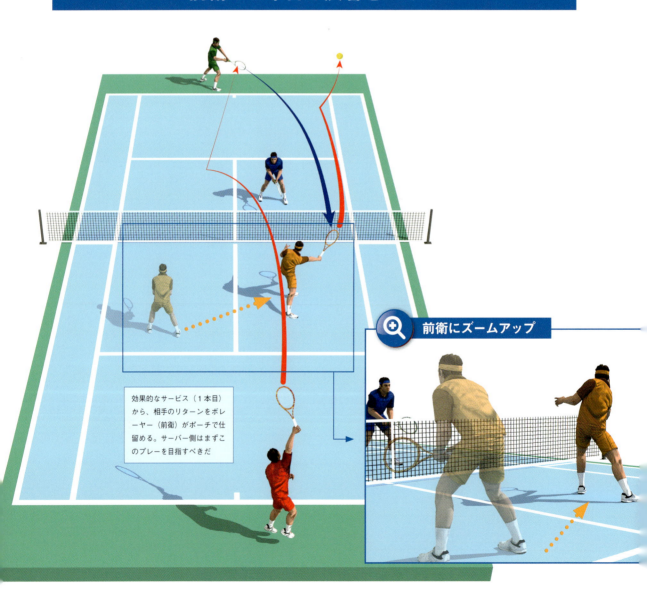

効果的なサービス（1本目）から、相手のリターンをボレーヤー（前衛）がポーチで仕留める。サーバー側はまずこのプレーを目指すべきだ

前衛にズームアップ

第6章 ダブルス：サービスからの戦術

サービスは3つの球種を3つのエリアへ

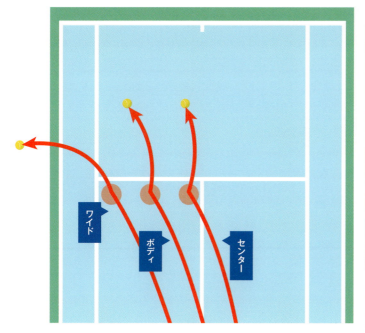

▲サーバーはワイド、ボディ、センターの3つのエリアにフラット、スピン、スライスの3つの球種のサービスを打ち分けていく

Point

サービスは3つのコースと3つの球種で

サービスゲームでは、ワイドサーブ、センターサーブ、ボディサーブの3つのコースと、フラットサーブ、スライスサーブ、スピンサーブの3つの球種をどう配球し、3本目のフィニッシュにつなげるかがカギになる。

ワイド　　　フラット
ボディ　✕　スライス
センター　　スピン

 check

リターン側は4本目を打つことが目標

相手にストロークさせればリターン成功

　リターン側は相手の3本目（ボレー）をかわすことができればチャンスが来る。この3本目に、前衛のボレーではなく後衛にストロークをさせた時点ですでに上出来だ。もちろん、ロブで前衛を抜いても成功。そうして自分たちが4本目を打つことができれば、その時点で状況はニュートラルに近づくので、ひとまずリターン成功だ。

▲サーバー側はできるだけ前衛のボレーで仕留めることを想定している。したがって、リターン側はボレーを避け、後衛（サーバー）にグラウンドストロークを打たせることができればリターンはひとまず成功といえる

tennis tactics　111

46 積極的なポジショニング

> コートの真ん中のボールに手が出るように

サーバーはシングルスサイドラインのあたりに構え、ボレーヤー（前衛）はシングルスラインとセンターラインの真ん中あたり、これが基本のポジションだ。前衛はコートの真ん中を通過するボールに手が出るように、この位置に立つ。

サーバー側は積極的なポジショニングを

真上からの視点

より積極的なプレーと位置どりが必要

サーバー側の前衛のポジションは、体格や瞬間的なスピードに差のある男女で多少違うが、一歩でサイドラインをカバーできて、内側はシングルス・サイドラインとセンターラインの中間点まで手が出る位置、というのが目安だ。以前はシングルスラインの際に立ってサイドを抜かれないようにしていたが、現代のダブルスでは、より積極的な位置どりが求められる。

リターナーから見ると

> **Point**
> ### サインプレーも積極的に
> 攻撃的なポジショニングを生かすのがサインプレー。ツアーでは、男子ではほとんど前衛が「自分はこう動く」というサインを出し、後衛と打ち合わせる。サインプレーは積極的に取り入れるべきだ。

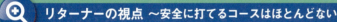

🔍 リターナーの視点 〜安全に打てるコースはほとんどない

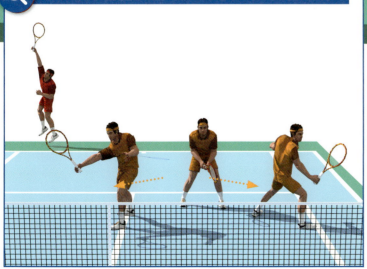

◀左ページの図をリターナー側から見たもの。相手のボレーヤーにここまで守備範囲を広げられたら、リターンを安全に通せるコースはほとんどないように見える

47 センター寄りの位置からサービスする

● ボレーヤーが的をしぼりやすくなる

　今、男子ツアーではサーバーがセンター寄りのポジションをとる例が目立つ。ここからだとワイドに逃げていく角度のあるサーブが打ちにくくなるが、それを上回るメリットがあるからだ。メリットとは、相手のリターンのコースをしぼり込めることだ。

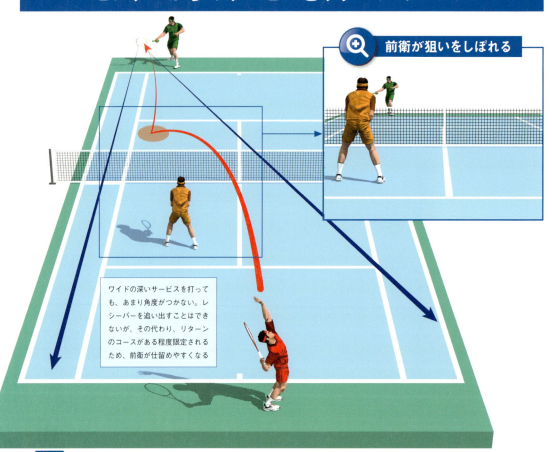

センターからのサービスとリターンのコース

前衛が狙いをしぼれる

ワイドの深いサービスを打っても、あまり角度がつかない。レシーバーを追い出すことはできないが、その代わり、リターンのコースがある程度限定されるため、前衛が仕留めやすくなる

Point

カバーすべき範囲が狭く、動きやすい

　通常の位置からのサービスだと、リターン側がしっかり反応してくれば、ダウン・ザ・ラインを抜いてくることが考えられる。すると、読んでいても前衛が届かないコースができてしまう。しかし、サーバーがセンター寄りに立つと、これを防げる。前衛が相手のリターンの角度をしぼって準備できるからだ。前衛がカバーすべき範囲が狭まり、その分、動きやすくなる。

check

3本目で仕留める
プレーにつなげる

　従来はサーバーがワイド（通常の位置）に立ち、外へ逃げるスライスサーブでエースを狙うこともあったが、このコースにサービスを打つと前衛がケアするエリアが非常に広くなる。そこで、今はエースをとるより前衛がなるべく1本目のボレーで仕留めたいと考え、左ページのようなセンター寄りのポジションを採用するペアが増えている。

Point

リターナーも守る範囲は
狭くなる

　逆にリターナーは、ワイドの角度のあるサーブをケアする必要がなくなるため、通常よりやや内側、シングルスラインのやや内側に立つ。つまりそれだけ守るエリアは小さくなる。一方、サーバーがサイド寄りに立ったケースでは角度のあるサービスをケアする必要があるので、その分、守る範囲が広くなる。

従来のサービスとリターンのコース

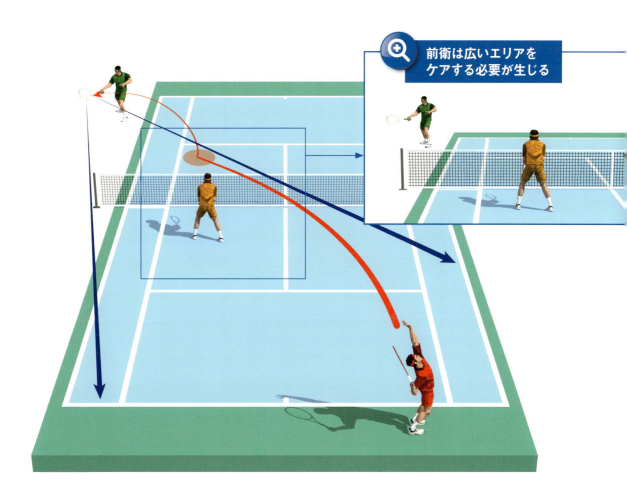

前衛は広いエリアをケアする必要が生じる

48 Iフォーメーションを活用しよう

● サインプレーと組み合わせる

ボレーヤーがコートの真ん中に立ち、サーバーとほぼ一直線になるのがIフォーメーション。前衛はセンターラインをまたいで立ち、あらかじめ自分の動きをサインでパートナーに伝える。サーバーがクオリティの高いサービスを打てれば、ポイントを取る可能性が非常に高い陣形だ。

前衛と後衛がほぼ一直線になる

Point

センター寄りからサーブを打つ

サーバーはシングルスとほぼ同じポジションから打つ。ワイドの位置から打つと角度がついて、前衛がカバーする範囲が広がってしまう。

リターンのコースはほとんどない

リターナーの視点

リターナーには安全なリターンのコースがほとんど見えない。相手ボレーヤーの動きを読み切るか、狭いダウン・ザ・ラインを通すか、選択肢が限られる

リターンの コースは 極めて限られる

　前衛は左右どちらに動いてもシングルスサイドラインまでしかラケットが届かない。したがって、リターンをアレー（サイドラインとサービスサイドライン間のゾーン）に打たれたら届かないのだが、とはいえリターンをここに正確にプレースメントするのは（特にバックサイドでは）簡単ではない。また、前衛にここに立って動かれたら、クロス側のリターンのコースはほぼないといっていいだろう。

Option　サーバーが 逆サイドをカバー

　これは相手のバックハンドの逆クロス気味のワイドのリターンを想定。前衛が捕りにいき、サーバーが逆サイドをカバーに行くパターン。

tennis tactics　117

49 相手のロブはバウンドさせない

● 以前のセオリーとは正反対

サーバー側はロブのリターンがきたら、できるだけノーバウンドで処理する。ボレーヤー（前衛）が届かなければ、サーバー（後衛）がスイングボレーで処理する。ワンバウンドさせてしまうと、サーバーがステップバックして打つことになるので不利になる。

バウンドさせると陣形が悪くなる

ロブを一度落として後衛が処理しようとすると、高いバウンドに合わせるためにステップバックしながら打つ形になる。後方に下げられて陣形が悪くなるし、攻撃的なショットを打つことも難しい

バウンドさせたら優位が消滅する

以前は、ロブが上がったら一度落としてグラウンドストロークでしっかり、というのがセオリーだった。しかし、バウンドした分、後ろに下げられてしまい、その瞬間にリターン側の2人にネットに出られたら優位が消滅してしまう。それならノーバウンドで処理すべきだ。ボレーではスピードが足りず、相手に拾われてしまうので、できるだけスイングボレーで打ち込む。

後衛がスイングボレーで処理

Point

深ければ後衛が
スイングボレーで

前衛はまず、自分がスマッシュできる範囲を把握しよう。女子はサービスラインまで、男子はサービスラインとベースラインの真ん中までが目標だ。自分でいけるとなったら、「オーライ」「任せて」「私」「(英語で) マイン」などと声をかけ、パートナーはその場にとどまらず、ネットに詰める準備をする。自分で確実に打てる範囲よりロブが深ければ、「任せる」「お願い」「(英語で) ユアーズ」などと指示を出して反対サイドに移動、打ちやすいようにコースを空け、後衛にスイングボレーをさせよう。

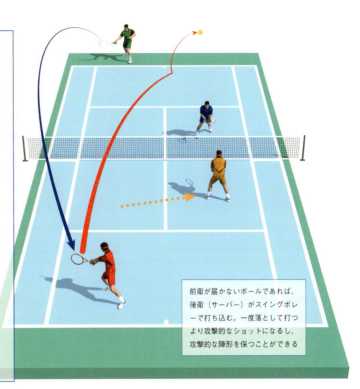

前衛が届かないボールであれば、後衛（サーバー）がスイングボレーで打ち込む。一度落として打つより攻撃的なショットになるし、攻撃的な陣形を保つことができる

後衛にズームアップ

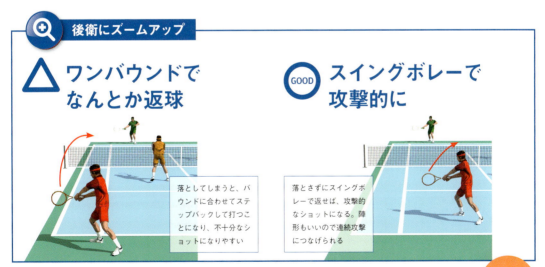

△ **ワンバウンドでなんとか返球**

落としてしまうと、バウンドに合わせてステップバックして打つことになり、不十分なショットになりやすい

GOOD **スイングボレーで攻撃的に**

落とさずにスイングボレーで返せば、攻撃的なショットになる。陣形もいいので連続攻撃につなげられる

Maruyama's EYE
上を目指すならチャレンジ！

草トーナメントレベル、あるいは高校生でこのプレーをやれる人は少ないかもしれない。おそらく落としてどうにかしようと考えるだろう。しかし、それでは世界のダブルスから大きく遅れてしまう。チャレンジしてみよう。

50 追い出しのプレーで仕掛ける

▶ 警戒させてミスを誘うダブルス戦術

「追い出し」はダブルスならではの戦術だ。前衛にネットの前で動かれると、相手は打つところがなくなると感じる。そこで届かないところに打とうとしてアウト、ということがよく起きる。こうして相手のミスを誘うのが、追い出しのプレーだ。

前衛の動きが目に入り、相手がミス

素早い動きを見せておけば、動いただけでも相手のミスを強いることができる

リターナーの視点

もっと厳しく、という気持ちがミスに

相手に大きく動かれると、触られないようにという思いが働き、ミスにつながる。

第6章 ダブルス：サービスからの戦術

前衛ができるだけ守備範囲を広げる

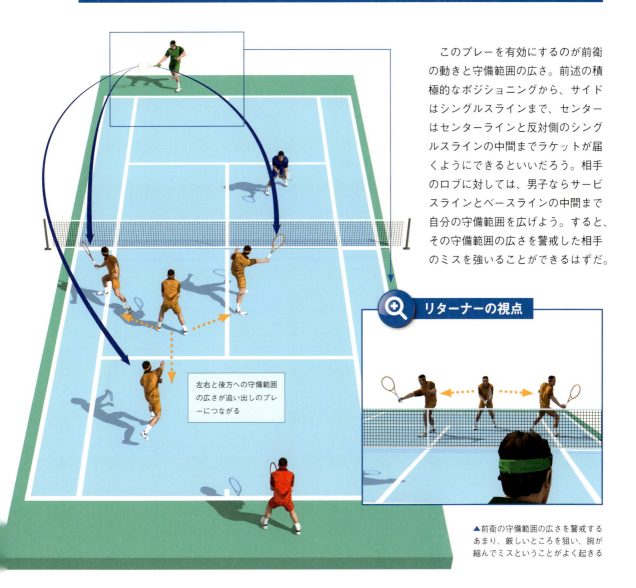

左右と後方への守備範囲の広さが追い出しのプレーにつながる

このプレーを有効にするのが前衛の動きと守備範囲の広さ。前述の積極的なポジショニングから、サイドはシングルスラインまで、センターはセンターラインと反対側のシングルスラインの中間までラケットが届くようにできるといいだろう。相手のロブに対しては、男子ならサービスラインとベースラインの中間まで自分の守備範囲を広げよう。すると、その守備範囲の広さを警戒した相手のミスを強いることができるはずだ。

リターナーの視点

▲前衛の守備範囲の広さを警戒するあまり、厳しいところを狙い、腕が縮んでミスということがよく起きる

守備範囲を広げるための練習を

Maruyama's EYE

　一般のプレーヤーは、ポーチなら5センチでも10センチでも届くところを広げることを目指そう。スマッシュも、5センチでも10センチでも後ろまで決められるようにすることが練習のテーマになる。女性でもサービスラインまでは下がってスマッシュできるようにしたいものだ。高校生女子なら、サービスラインとベースラインの真ん中くらいまでスマッシュできるように練習しよう。男子はベースラインに落ちるボールも自分で打つつもりで、自分でスマッシュできないボールはアウトというくらいまで下がって打つ練習をしよう。

tennis tactics 121

51 2バックの相手にはどうプレーする?

● 短いボレーで前に誘い出す

　守備専念で2バックの陣形をとる相手には、短くて弾まないボレーをすることだ。深くて中途半端なボレーを返すのは禁物。短いボレーで相手を前に2歩誘い出した瞬間、相手の陣形が崩れ、チャンスが広がる。

短めのボレーから次でフィニッシュ

Point

ボレーは真ん中に短く打つのがセオリー

　角度をつけずに真ん中に短めにボレーを打つのがひとつのセオリー。相手は、クロスは不可能なので狭いダウン・ザ・ラインに打つか、ロブしかない。ならば、ボレーをした人が少し前に出てダウン・ザ・ラインに対応、もう一人はやや下がってクロスのロブに対応する。もちろん、相手の返球が甘くなれば、1本で仕留めることもできる。

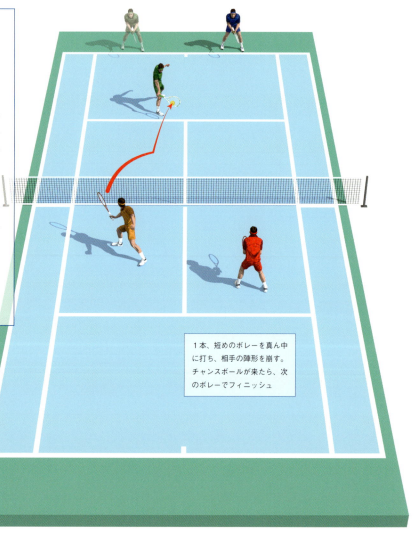

1本、短めのボレーを真ん中に打ち、相手の陣形を崩す。チャンスボールが来たら、次のボレーでフィニッシュ

角度をつけた甘いボレーは禁物

角度をつけると守る範囲が広がる

中途半端なボレーで角度をつけるのは得策ではない。相手はかえって広い角度に打てるようになるので、守るべき範囲が広がる。ダウン・ザ・ラインをケアすれば真ん中ががら空きになるか、ショートクロスにスペースが生じる。平行陣は二人の距離感をキープするのがセオリーだが、どこかに隙ができて陣形がザルになってしまう。

中途半端に角度をつけた深いボレーは墓穴を掘る。相手が打てる角度が広がり、こちらは陣形が崩れる。ダウン・ザ・ラインを警戒することで、ショートクロスに隙ができてしまった例

深いボレーにはロブの逆襲が

深く打てばロブを警戒しなくてはならない

深いボレーを打てば相手は少し下がるが、今はどの選手もトップスピンロブを打てるので、それを警戒しなくてはならない。従来は2バックの相手には深くボレーし、ロブが上がってきてもチャンスボールだと考えられていたが、今は通用しない。以前はトップスピンの突き球も強烈ではなく、相手にチャンスボールを与える恐れが低かったが、今はそれも常識ではない。

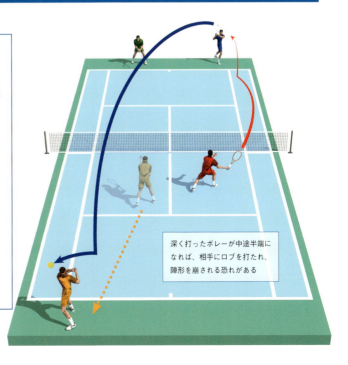

深く打ったボレーが中途半端になれば、相手にロブを打たれ、陣形を崩される恐れがある

52 セカンドサービスを相手に狙われたら

▶ 奇襲攻撃だが、前衛のポーチで対抗

セカンドサーブでは相手のカウンターアタックも予想しなければならない。相手がリターンをクロスに叩いてくると予測したら、思いきってボレーヤーがポーチに出る戦術が考えられる。サインプレーでサーバーはダウン・ザ・ラインをケアする。ボレーヤーは相手がリターンを打つ時点で真ん中に入っていって、リターンの角度を消し、狭いエリアでボレーができるようにする。

奇襲攻撃で前衛がポーチ

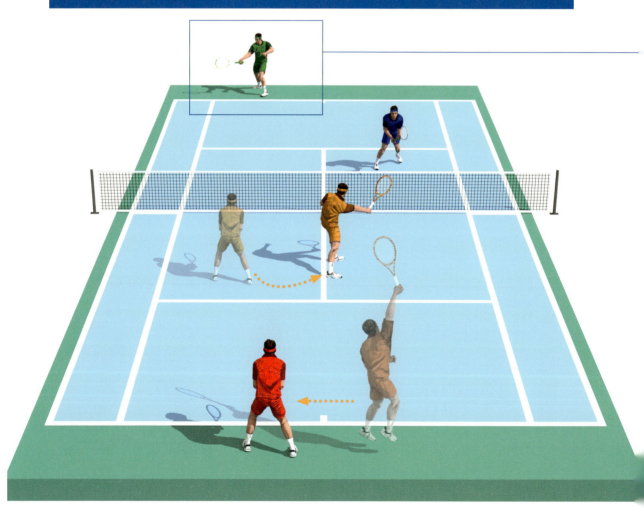

▲前衛は早めに真ん中に入っていって、相手のリターンのコースを限定してしまう。そこに吸い寄せられるように打ってくることを想定、ボレーで仕留める。思いきりが要求されるプレーだ

リターンのコースは限定される

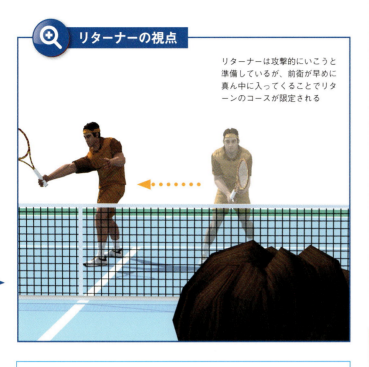

リターナーの視点

リターナーは攻撃的にいこうと準備しているが、前衛が早めに真ん中に入ってくることでリターンのコースが限定される

Option **あえてダウン・ザ・ラインに打たせる**

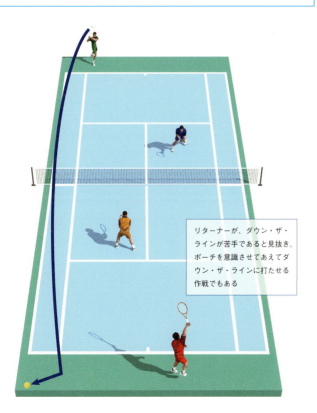

リターナーが、ダウン・ザ・ラインが苦手であると見抜き、ポーチを意識させてあえてダウン・ザ・ラインに打たせる作戦でもある

check

相手に選択肢を与え、迷わせる意図も

セカンドサービスでポーチを使うのは一か八かの作戦。ただ、多くの選択肢を相手に与えておいて、大事なポイントであれこれ考えさせるために、あらかじめ使っておくのもいい。また、リターナーがダウン・ザ・ラインが苦手なら、ポーチを意識させて、あえてダウン・ザ・ラインに打たせるという作戦もありうる。

Point

仕留められなかったらたちまち不利に

前衛がボレーで仕留められず、ダウン・ザ・ラインにリターンを打たれたら、サーバーは長い距離を移動して打つことになる。抜かれた時点でリターン側が有利になるので、60パーセントか70パーセントの確率で相手がポイントすることになる。よって、これはあくまでも奇襲攻撃と考えるべきだ。そもそもセカンドサービスになったらポイントできる確率が50パーセント程度に下がるため、裏を返せばファーストサーブがそれだけ大事ということになる。また、セカンドサービスで60、70パーセントをキープしているペアは前衛の動きがすごくいい。強いペア、いいダブルスといえる。

tennis tactics 125

Maruyama Memo

ファーストサービスを入れて
自分たちの展開に

　ダブルスでサーバーがエースを取りにいく場面は以前ほど多くない。ただし、ファーストサービスが大事であるのは当然だ。

　現在のダブルスでキーになるのは、3本目を前衛がボレーで仕留めるプレー。そのために、前衛はサインを出して「リターンがここに来たらこう動く」とサーバーとの間に決めごとをつくる。そうして互いのやるべきプレーを徹底するのだ。サーバーがどこにサービスを打つかわかっていれば、リターンのコースも想定できて、次の自分のプレーがイメージしやすくなる。しかし、サーバーがどこに打つかわからないと、前衛はリターンを見てから反応しなくてはならない。

　それだけに、ファーストサービスを確率よく入れることはダブルスにおいても非常に大事だ。セカンドサービスになって質とスピードが落ちると、リターン側に時間ができるので、どこに打たれるかわからないという状況に陥る。また、ファーストサービスでリターナーは「なんとか返そう」という心理状態だが、セカンドサービスは威力が落ちるため、リターナーは攻撃的になり、ステップインして打ち込むことができる。戦術的には変わっても、こうした心理面は以前から少しも変わっていない。

第 7 章

ダブルス：リターンからの戦術

シングルス以上にサービス側が優位に立つダブルスで、
いかにイーブンに戻し、サービスゲームのブレークにつなげるか。
難しい課題に取り組み、レベルアップを目指そう

53 リターンゲームの考え方とポジション①

▶ サービス側の優位が大前提

相手の前衛は、クロス側はシングルスラインとセンターラインの中間点までが守備範囲。反対側もサイドライン付近までラケットが届く。ここを外して、前衛が届かないところ（黄色部分）にリターンするのは不可能に近いと考えるべきだ。したがって、サーバー側は圧倒的に有利で、90パーセント以上の確率でポイントを取られてしまうと考えよう。

打てるエリアはこんなに狭い

黄色で示したのが「打っていいエリア」。つまり、相手前衛の守備範囲を外してリターンするにはよほどのコントロールが必要になる。よって、リターン側は圧倒的に不利であることが大前提になる

check

前衛の動きを読み、逆に打つ

相手前衛の守備範囲を考慮すれば、安全なリターンのコースはほとんどないと考えよう。そこで、前衛が左右どちらに動くのかを読んで反対に打つというのが次の選択肢だ。それを外さない限り、ほぼ餌食になると思ったほうがいいだろう。相手がサインプレーを使うことを想定し、それにハマらないようにリターンすることだ。

第7章 ダブルス：リターンからの戦術

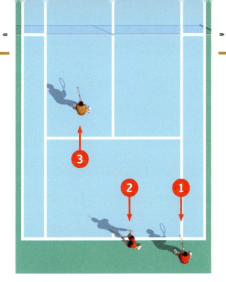

❶ リターンのポジション

▶外に逃げるサービスにも手が届くように、シングルスサイドラインの延長上か少し外に立つ

❷ センターへのサービスのリターン

▶センターにサーブを打たれたら、ベースラインの内側でリターンする。勝負しない限り、ブレークのチャンスはない

❸ パートナーのポジション

▶相手にポーチされても返球できる位置に立つ。基本はサービスラインの一歩内側

Point
リターン側の基本ポジショニングは？

　プロツアーでは、デュースサイドのリターナーは、外に逃げるスライスサービスでも手が届くように、シングルスサイドラインの延長上か少し外にポジションをとる場合が多いようだ。そのパートナーは、ポーチされてもなんとか返球できるように、サービスラインの一歩内側に立つ。これが基本のポジションで、そこから半径50センチ内外の位置に立っている。

Maruyama's EYE
なんとか返して…は甘い考え方

　プロツアーではリターンから勝負しないと、チャンスはほぼない。高校生のプレーヤーも、例えばインターハイで上位を狙うなら、なんとか返して次で、というチャンスはないと思ったほうがいいだろう。センターにサーブを打たれたら、ベースラインの内側でリターンして勝負していこう。

tennis tactics 129

54 リターンゲームの考え方とポジション②

> 前衛の読みを外すことを第一に考える

すでに書いたように、絶対安全なリターンのコースはないと思ったほうがいい。安全なコースは非常に狭く、小さな穴にボールを通すコントロールがないと打つことができない。そこで、前衛の読みを外すことが今では"安全なコース"と考えられている。

3つのオプション
1 前衛の読みを外す。逆をつく
2 ボレーヤーのボディにアタック
3 ロブで相手の陣形を崩す

1.前衛の読み(予測)を外す

サービスはセンターに。前衛がクロスのリターンを予測し、ポーチに出ることを想定。思いきってダウン・ザ・ライン側に持っていく

相手前衛の視点

▲有利な立場を生かし、前衛はクロスのリターンを想定し、ポーチを仕留めにいく。ところが、リターンはダウン・ザ・ラインに……

2.次善の策はボディにアタック

相手の読みがわからず、どうしようもない、となったら、次のオプションとして考えられるのは、前衛のボディ(体の正面)を目がけて、ある程度強いボールを打つことだ。

3. ロブのリターンで陣形を崩す

Option　3番目のオプションはロブ

サービスに押し込まれ、ボディへのアタックも難しいとなったら、ダウン・ザ・ラインへのロブ、これが3つ目のオプションだ。いいリターンができなければロブ、と最初から割り切っているダブルスプレーヤーは案外多く、マクラクラン勉もその一人だ。

3番目のオプションは、ダウン・ザ・ライン側、すなわち前衛の頭を越すロブ。サーバーがロブを追い、前衛は逆サイドに移動し、相手の陣形が大きく変わる

check 相手は後衛がロブを処理

ロブを打たれたほうにしてみれば、前衛が頭を越されたら後衛（サーバー）が追いかけるしかない。したがって、陣形が大きく崩れる恐れもある。

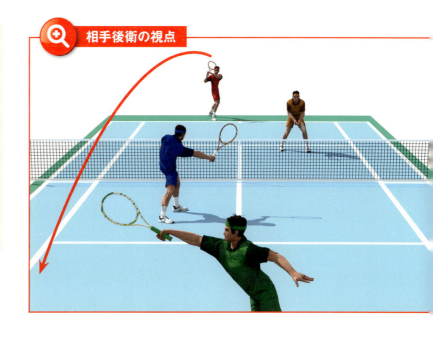

相手後衛の視点

55 比較的安全なのはダウン・ザ・ライン

▶ クロスのリターンは危険

とくに女子ダブルスの場合、ダウン・ザ・ラインに速いリターンを打てば大きなアドバンテージになる。このリターンに対し、しっかり前に詰めてボレーで決める能力を持った前衛はほとんどいないと考えられるため、ダウン・ザ・ラインはリターンのコースとして最も安全と見ることもできる。一方、クロスはポーチされる可能性が高いと考えるべきだ。

クロスのリターンは餌食になる

相手の前衛はクロスのリターンを必ずポーチで仕留めに来る、と考えるべきだ。それに比べれば、ダウン・ザ・ラインのリターンは少し安全。

Point

ダウン・ザ・ラインは相手のミスも期待できる

ダウン・ザ・ラインのリターンに対し、しっかり前に詰めてボレーで仕留めることができる前衛はそこまで多くない。ミスしてくれる可能性も。

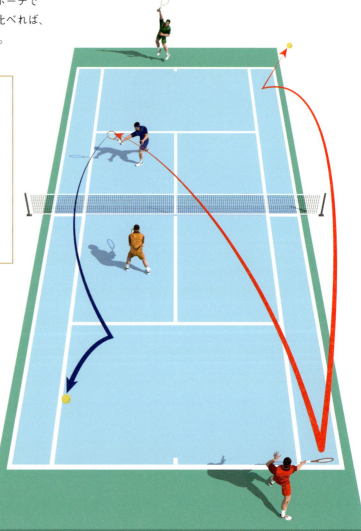

クロスが安全という常識は過去のもの

ひと昔前のリターンの基本は「クロス＝安全なコース」であり、ダウン・ザ・ラインはイチかバチかのプレーと考えられていた。相手前衛のポジションも今よりサイド寄りで、クロスのリターンは後衛に任せ、自分はサイドを抜かれないようにするのが前衛の役割と考えられていた。したがって、ダウン・ザ・ラインに打ったら相手の前衛がいる場所に打つことになり、思いきり打ったらボレーをミスしてくれるかもしれない、あるいは相手がポーチに出てくれたらたまたまサイドを抜けるかもしれない、というものだった。この点がまったく変わってきていることに注目しよう。

✓ check
前衛のポジションが変わった

以前は相手前衛のポジションは今よりサイド寄りだった。したがって、クロスのリターンは比較的安全で、ダウン・ザ・ラインはイチかバチかのプレーとされていた。しかし、常識は大きく変わった

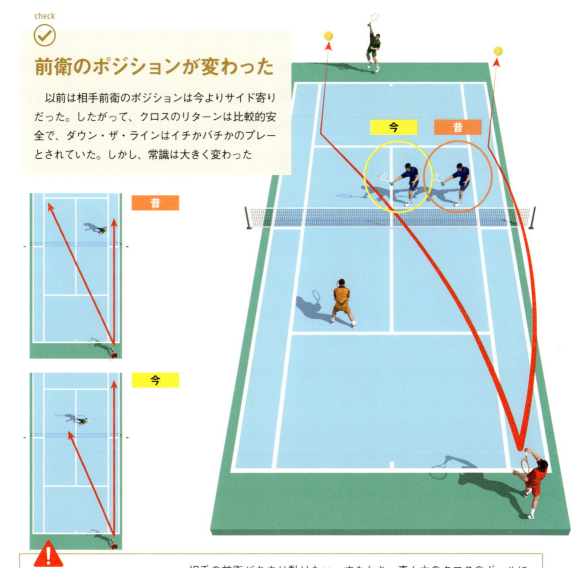

⚠ 相手のレベルに合わせない

相手の前衛があまり動けない、すなわち、真ん中のクロスのボールに手が出せないプレーヤーであれば、当然、クロスにリターンを打っていっても怖くない。ただし、インターハイで上位を目指すなら、相手の前衛はサイドから真ん中のボールまで必ず手を出してくると考え、それに備えるべきだ。

56 「いないところ」に相手は動いてくる

▶ 相手のいないところを狙う、はもう通用しない

相手のいないところに打つのはテニスの基本だが、現在のダブルスでは「いないところには相手が動いてくる」と思ったほうがいいだろう。プロツアーの選手たちは、それを想定してプレーしている。そのことを理解していないと、以前ならウィナーになっていたようなクロスのリターンを打っても、ポンとボレーを打たれて終わりだ。

いないところに動いてくる
[ケース1] Iフォーメーション

いないところに動いてくる
[ケース2] 前衛のポーチ

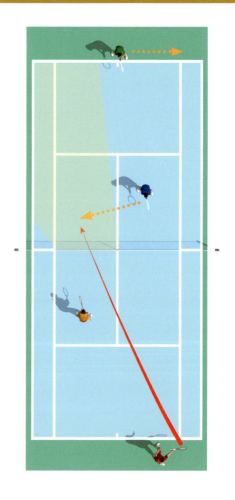

▲相手がIフォーメーションの場合、左右に「いないところ」が見える。しかし、相手はそこに動いてくると思わなくてはならない

▲相手のいないクロスにリターンを打っていっても、相手の前衛はそれを狙って動いてくると考えるべきだ

ダウン・ザ・ラインやロブを見せておく

check

リターンは頭の中の勝負

例えばダウン・ザ・ラインのリターンを見せておいて、同じコースのロブも見せておいて、大事なところでクロスに打つと相手の前衛が反応できないことが考えられる。そこで、それらのリターンをどこで使うか、どう組み合わせるかだ。なお、以前は「奥の手を最後に見せる」という考え方があったが、今は「いろいろ見せておいて、大事なところで何を選ぶかと相手に迷わせる＝プレッシャーをかける」という考え方が主流。どちらにしても、頭の中の勝負がかなりの比重を占める。

相手の読みを外すには？

相手の読みをうまく外していくと、ブレークのチャンスは案外、生まれてくる。それには、瞬時の判断も必要だが、確率と相手の心理を読むことだ。「ここにサーブが来たら、相手はこのコースのリターンを止めにくる。だから、ここを通せればリターンエースになる」と相手の狙いを予測するのだ。ただし、想定以上に相手のサーブがよければその読みも通用しない。

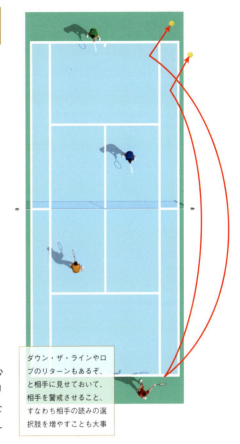

ダウン・ザ・ラインやロブのリターンもあるぞ、と相手に見せておいて、相手を警戒させること、すなわち相手の読みの選択肢を増やすことも大事

前衛を抜けたらリターンは成功

Point

まずは状況をニュートラルに

サービスがいい場合は、狙ったところにリターンできず、サービスが甘くなったときに初めてチャンスが生まれると考えよう。また、サービス側のサインプレーがしっかりしていると、相手の前衛をうまく抜いたと思っても難なく返されてしまうこともあるだろう。ただ、前衛の読みを外してボールを後ろに通せればサーバーの優位性は奪ったことになる。これでほぼニュートラルな状態に戻せるので、リターンは成功といえる。

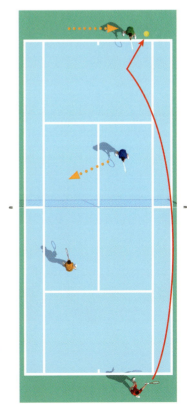

▶相手は前衛がポーチに出たら、空いたスペースを後衛がカバーするだろう。追いつかれるかもしれないが、後衛にグラウンドストロークを打たせればニュートラルな状況ともいえるので、リターンはひとまず成功だ

tennis tactics

57 Iフォーメーションにどう対応するか

● できるだけ相手の逆をついて打つ

相手がIフォーメーションの場合、リターナーはワイドの切れていくサービスはひとまず想定する必要がないので、シングルスサイドラインの一歩内側に立ち、前衛は相手のボレーに反応できる位置に立つ。あるいは、簡単にはボレーに反応できないので、前衛も後ろに下がり（ステイバックして）、後陣での平行陣を敷く。

相手がIフォーメーションのときのポジション

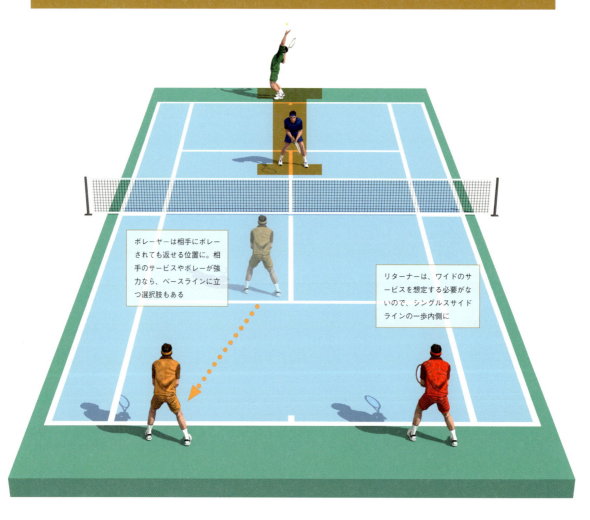

ボレーヤーは相手にボレーされても返せる位置に。相手のサービスやボレーが強力なら、ベースラインに立つ選択肢もある

リターナーは、ワイドのサービスを想定する必要がないので、シングルスサイドラインの一歩内側に

第 7 章 ダブルス：リターンからの戦術

相手の前衛を抜くのは不可能ではない

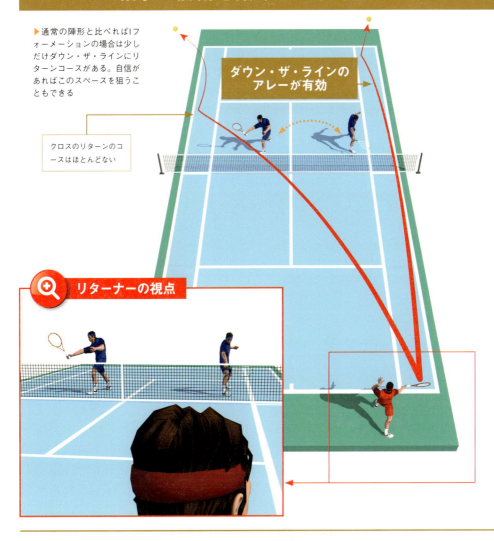

▶通常の陣形と比べればIフォーメーションの場合は少しだけダウン・ザ・ラインにリターンコースがある。自信があればこのスペースを狙うこともできる

クロスのリターンのコースはほとんどない

ダウン・ザ・ラインのアレーが有効

リターナーの視点

基本3パターンのいずれかで

2番目のオプションは、相手の体にぶつけるくらいの強烈なリターンを打つことだ。それができなければロブというオプションも。すなわち、相手がIフォーメーションの場合もリターンの基本3パターンをセオリー通りに実行すべきだ。

 Point

相手の読みを外すことを第一に

サービス側の前衛は両側のサービスラインまでしかラケットが届かないと見ていいだろう。したがって、ダウン・ザ・ラインのアレーに打てば触れない。安全にリターンできるコースは普通の陣形より少しだけ広いと考えることもできる。ただし、クロスのリターンのコースはほとんどない。そこで、まずは前衛の動かないところに打つ、と考えるのが得策だ。つまり、相手の逆をつくことを考えなくてはならない。

tennis tactics 137

58 相手に低いところでボレーを打たせる

▶ 甘くなった相手のボレーを狙い撃ち

相手の前衛にポーチに出られても、ネットより低い打点で打たせることができれば、ボレーされてもそのままポイントになることはほぼないと思っていいだろう。そこで「前衛に低いところでボレーを打たせる」というのはひとつのオプションになりえる。

相手に低いところでボレーを打たせる

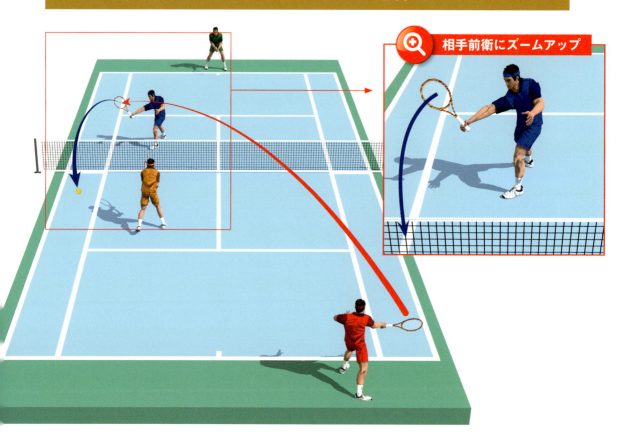

 Point

甘いボレーを引き出す

低いところで打たせれば、一度持ち上げる必要があるため、攻撃的なボレーは打てない。つまり、ボールが甘くなる。そこが狙い目だ。

第7章 ダブルス：リターンからの戦術

攻撃的なボレーで逆襲

Point

相手のゆるいボレーを逆に仕留める

低いところでボレーを打たせれば、ネットを越さなくてはいけないので、そこから「持ち上げる」作業が必要になる。したがって、スピードのあるボレーは打てない。そこで、前衛は相手のボレーがネットを越えた瞬間、オーバーネットすれすれの、なるべく高い位置で叩きたいところ。これがリターン側の目指すプレーだ。

check

相手のアングルボレーも頭に入れておく

この状況でサーバー側はどう出るか。リターンがよくて、自分はボレーを低いところで打たされるとなったら、できるだけ相手のボレーヤーの動きの逆をつこうとする。普通にボレーしたら必ずポイントを落とすので、少しでも余裕があれば、ネットと平行にアングルボレーを打ちたいと考えるだろう。そこで、リターナーは、リターンが成功したらすぐに相手のアングルボレーも頭に入れて前に出るべきだ。

Option　相手のサーブ＆ボレーでもこの作戦を

ポーチに限らず、相手のサーバーがネットダッシュしてきたときのファーストボレーでも同じだ。皆さんも、ネットすれすれを通し、トップスピンをかけて低く沈めるテクニックをお持ちだろう。リターンをうまく沈めた時点でサーバー側の優位性は失われ、リターン側のボレーヤーに逆襲のチャンスがやってくる。いかに相手に低いところでボレーさせ、甘くなったところをリターン側が高い位置からのボレーで攻撃するかだ。

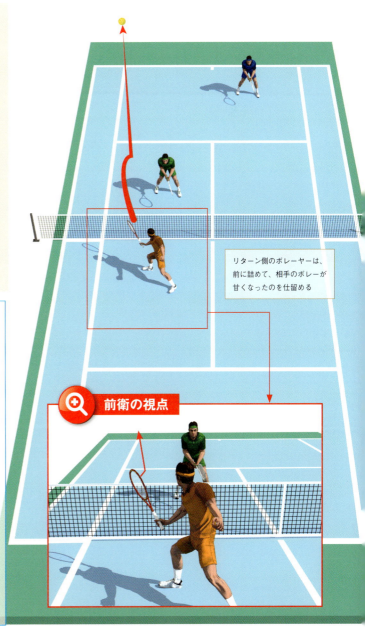

リターン側のボレーヤーは、前に詰めて、相手のボレーが甘くなったのを仕留める

前衛の視点

tennis tactics 139

59 ビッグサーブに悩まされたら?

● 前に踏み込んでブロックリターンが鉄則

　相手のビッグサーブに対しては、まずはブロックリターンを考えるべきだ。しっかりスイングして確実にリターンのスピードを出せるなら話は別だが、それはほぼ不可能。ビッグサーブを打たれ、体が伸びきった状態で、やっと捕ったとなると、間違いなく相手のボレーの餌食になるだろう。そこでリターナーは、ボレーのようにテークバックを省略し、小さな振り幅で打つブロックリターンを使うべきだ。

踏み込んでブロックリターン

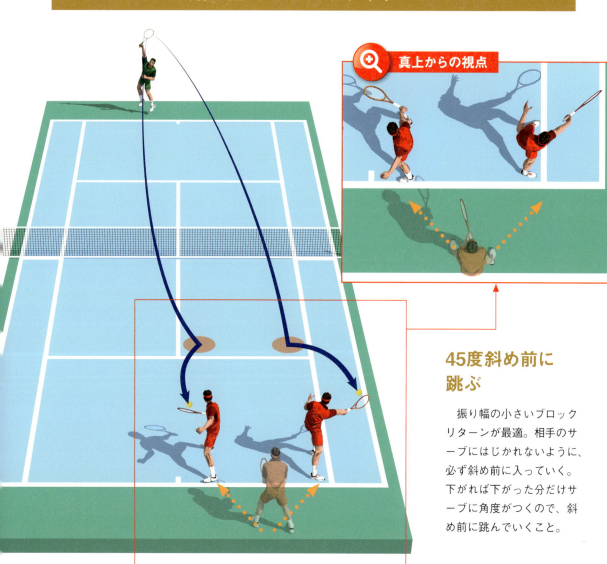

真上からの視点

45度斜め前に跳ぶ

　振り幅の小さいブロックリターンが最適。相手のサーブにはじかれないように、必ず斜め前に入っていく。下がれば下がった分だけサーブに角度がつくので、斜め前に跳んでいくこと。

前に入り、打点も前

「一歩跳ぶ」つもりで前に入る。
そうして、体の横ではなく前で捕らえる。

横からの視点

Point
斜め前に跳んで体重を乗せる

　ブロックリターンは斜め前に入って打つのが基本だ。打点は体の真横ではなく前。速いサーブは力があるので、打点が体の横だと、はじかれて、ひょろひょろのリターンになってしまう。私は「45度斜め前に跳べ」と指導している。スプリットステップから、軸足で横に動いてヒッティングポジションを調節し、さらに斜め前に一歩跳んでいく。そうやってボールに体重を乗せていくつもりで打つといいだろう。その意識がないと、強烈なサービスをブロックする力も出てこないし、サーブの角度にも対応できない。

下がって打つならロブしかない

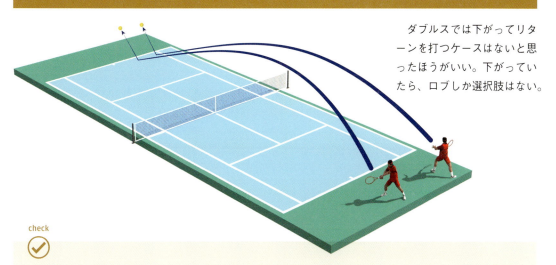

ダブルスでは下がってリターンを打つケースはないと思ったほうがいい。下がっていたら、ロブしか選択肢はない。

check
下がってリターンするのはシングルスだけ

　シングルスでは、例えばナダルのように後ろにポジションをとって、なんとかリターンしようとする選手もいる。守る範囲は広くなるが、下がった分だけ時間ができるので、それを生かそうというのだ。しかし、ダブルスでは下がってリターンしようとすると、たとえいいリターンが返っても相手の前衛に反応されて、捕られてしまう。後ろに下がってリターンするのはシングルスだけと考えよう。下がってリターンするのは、クレーコートのテニスに習熟したごく一部の選手に限られ、特別な技術が必要。もし、下がって打つならロブで返球するしかない。

おわりに

　私は31歳まで選手として活動していました。ジュニア時代から大学まで日本ではトップクラスでプレーし、社会人からプロの世界に進みました。しかし、当時の日本はプロのコーチがほとんど存在せず、自分で見て盗んで覚える時代。強くなるためにはどうするべきか、自分自身で考える必要がありました。

　今になって考えると、私が一生懸命やっていたテニスは一言で言うと、アマチュアテニスです。自分を高めることに取り組んでいましたが、どの舞台で戦いたいのかということを明確にしないまま日々を過ごしていたので、伸び悩んでしまったように思います。もしも、世界のトップレベルの選手に勝つためにはどうしたらいいのかということを考える頭があったら、また導いてくれる指導者がいたら、まったく違う現役生活になっていたかもしれません。

　27歳からツアーコーチとなり、31歳までの4年間は現役でプレーしながらコーチの勉強を始めました。ここでプロとアマの違いをまざまざと見せつけられ、コーチングの魅力にとりつかれたのです。

　選手としての夢はグランドスラムに出て活躍することでしたが、それを具現化するアイディアが私にはありませんでした。コーチとしてそうしたことを学び、選手たちに伝えて、自分が成し遂げ

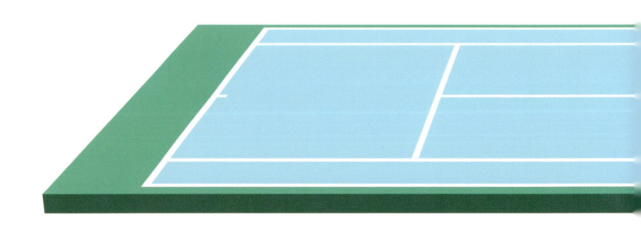

たかった夢を、選手を通して見てみたいというのが、指導者になったきっかけです。最初の10年は指導したというよりも、選手と一緒に戦いながら学ばせてもらったというのが正解でしょう。一緒に壁に当たり、一緒に打ち破るということを繰り返してきました。

テニスは最終的にコートに立てるのは選手一人なので、日ごろの練習からコミュニケーションをとり、目指すテニスを選手とコーチで共有し、同じマインドを持つことが大事です。コーチングの目標は、コート上で自分自身をコーチできる選手を育てること。試合のときに戦術のセレクトをするのは選手ですが、コーチはそのための引き出しをたくさん用意し、選手に伝えていかなければなりません。

私は27年間のコーチ歴があり、プロの世界でたくさんのことを学ばせてもらいました。プロのコーチとしてツアーに帯同できるのは一人か二人の選手が限界でも、こうした形で培ってきたコーチングを皆様にお伝えできることはこの上ない喜びです。本書がテニスに取り組む皆様のレベルアップに、少しでもお役に立つことができれば幸いです。

丸山淳一

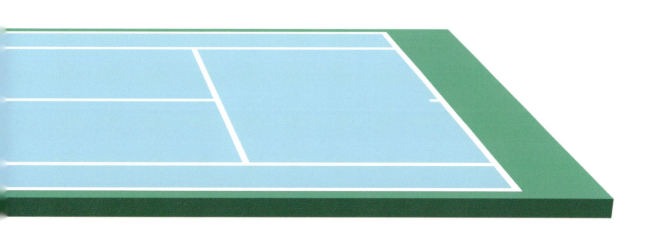

丸山淳一
まるやま・じゅんいち

1965年生まれ。東京都出身。元デビスカップ代表。89、90、95年全日本選手権複ベスト4、95、96年全日本選手権混合優勝。現役引退後は指導者として、フェドカップ代表チーム、シドニーオリンピックの代表コーチも務めた。現在は森田あゆみ、内藤祐希、早稲田大学庭球部のコーチを務めている。

協力　和田隼友　廣川真由　米原さくら　木元風哉

デザイン・図版制作／黄川田洋志、井上菜奈美、石黒悠紀（有限会社ライトハウス）
写真／井出秀人
編集／秋山英宏
　　　佐久間一彦（有限会社ライトハウス）
イラスト／丸口洋平

マルチアングル戦術図解
テニスの戦い方
7本目までに決着をつける攻撃

2019年9月20日　第1版第1刷発行
2022年2月15日　第1版第2刷発行

著　者／丸山淳一
発行人／池田哲雄
発行所／株式会社ベースボール・マガジン社
　　　　〒103-8482
　　　　東京都中央区日本橋浜町2-61-9　TIE 浜町ビル
　　　　電話　03-5643-3930（販売部）
　　　　　　　03-5643-3885（出版部）
　　　　振替口座　00180-6-46620
　　　　https://www.bbm-japan.com/

印刷・製本／広研印刷株式会社
©Junichi Maruyama 2019
Printed in Japan
ISBN978-4-583-11155-1　C2075

＊定価はカバーに表示してあります。
＊本書の文章、写真、図版の無断転載を禁じます。
＊本書を無断で複製する行為（コピー、スキャン、デジタルデータ化など）は、私的使用のための複製など著作権法上の限られた例外を除き、禁じられています。業務上使用する目的で上記行為を行うことは、使用範囲が内部に限られる場合であっても私的使用には該当せず、違法です。また、私的使用に該当する場合であっても、代行業者等の第三者に依頼して上記行為を行うことは違法となります。
＊落丁・乱丁が万一ございましたら、お取り替えいたします。